José Manuel Fajardo

# Vidas exageradas

Ediciones B
Grupo Zeta

Barcelona • Bogotá • Buenos Aires • Caracas • Madrid • México D.F. • Montevideo • Quito • Santiago de Chile

1.ª edición: abril 2003


Bailén, 84 - 08009 Barcelona (España)
*www.edicionesb.com*

Printed in Spain
ISBN: 84-666-0873-7
Depósito legal: B. 2.524-2003

Impreso por LIBERDÚPLEX, S.L.
Constitució, 19 - 08014 Barcelona

José Manuel Fajardo

# Vidas exageradas

*A mi madre, una artista del vivir que vio en mí a un escritor cuando yo sólo podía mostrar un montón de pretensiones.*

# Hoy es ayer

A veces se pregunta a aquellos escritores que con anterioridad ejercieron la profesión de periodistas acerca de las razones por las que abandonaron el periodismo por la literatura. Es una pregunta que da idea de hasta qué punto el oficio periodístico está desacreditado hoy en día, precisamente cuando vivimos en una sociedad de la información. Porque el periodismo escrito es literatura. Mala literatura en muchas ocasiones, pero también abundan las malas novelas o las malas poesías y nadie pone en duda el carácter literario de unas y otras.

La literatura de periódico cabalga entre géneros. Puede tomar forma narrativa, ensayística e incluso teatral, pues una entrevista bien construida tiene mucho de diálogo dramático. Pero, sobre todo, establece un permanente vínculo con la realidad de los otros. Son las vidas ajenas las principales protagonistas de su escritura, incluso en los artículos de opinión.

La literatura de periódico es además memoria viva y tiene el irresistible atractivo de lo que aún palpita, aunque con frecuencia ese recuerdo es corto, se ciñe sólo a lo inmediato, deja constancia de los acontecimientos con tal premura que éstos parecen surgir de la nada, como una incomprensible sucesión de epifanías. El periodismo necesita hoy más que nunca una memoria larga que dé sentido a la actualidad, porque el presente no es más que el extremo de un hilo de tiempo, la manifestación de un momento fugaz en un proceso histórico. Todo se convierte en pasado a una velocidad vertiginosa, incluso estas líneas que acabo de escribir y que usted acaba de leer. Ya son pasado. Y es ese pasado hecho memoria el que nos dice quiénes somos, de dónde venimos, cuáles son nuestros miedos, cuáles nuestros sueños.

En los textos que componen este libro he intentado tirar del hilo de la memoria y traer hasta el presente el recuerdo de otros tiempos que han dado forma al nuestro. Una memoria larga que se resiste a dejarse encerrar en la urgencia de la noticia de última hora. Fueron publicados a lo largo de los últimos doce años en cinco medios de comunicación: el diario *El Mundo*, las revistas españolas *Cambio 16*, *Clarín* y *Viajar*, y la colombiana *Gatopardo*. Tan sólo tres de ellos, los dedicados a Charlie Parker, a Emilio Salgari y a Catalina de Erauso habían permanecido inéditos hasta ahora. Al recopilarlos pretendo dejar constancia de un trabajo literario de periódico que he venido desarrollando en paralelo a la escritura de mis libros. Son reflejo de una parte de la labor periodística que comencé a realizar en el año 1978 y que todavía cultivo. En ellos están también muchas de las claves de mi trabajo como novelista y supongo que, de alguna manera, trazan un retrato de mis obsesiones literarias.

Hace años que descubrí que son las vidas de los otros las que merecen ser contadas. Y sólo a través de ellas he podido llegar a comprender algo de la mía. Aquí están reunidas veintidós vidas ajenas dignas de ser recordadas. Vidas memorables por lo que tuvieron de terribles, de crueles, de hermosas, de exageradas. Son diecinueve retratos de personajes históricos y tres de personajes de ficción, porque las ficciones forman parte de nuestra realidad. Veintidós expresiones de la condición humana, desde el heroísmo al crimen, desde el idealismo a la dictadura de los instintos animales, desde la codicia al altruismo. Veintidós pedazos de memoria que, de alguna manera, nos dan claves para mejor entender el presente. Porque hoy es ayer.

# Los aventureros

# El caballero corsario

La isla de los Cangrejos debía su nombre a los monstruosos crustáceos que la habitaban y que, según se decía, eran los más grandes que se conocían en el mundo: unos cangrejos de poderosas pinzas y casi dos cuartas de tamaño que la recorrían como un ejército acorazado. Sobre la arena de una de sus playas, en la mañana del día 28 de enero del año de 1596, yacía un hombre enfermo que rondaba los cincuenta años de edad y que apenas si podía moverse a causa de la apoplejía que agarrotaba sus miembros. Bajo el sol del trópico, el siglo se extinguía al igual que se apagaba la vida del agonizante marinero. Cerca de allí, en la vecina costa de Panamá, se levantaban las defensas erigidas por los españoles en la ciudad de Portobelo, célebre por ser el lugar donde se embarcaban los fabulosos cargamentos de plata provenientes del Perú con destino a las arcas del imperio de Felipe II. Y era precisamente el brillo de esa plata lo que había atraído al moribundo desde el puerto inglés de Plymouth hasta aquella remota isla.

Su cuerpo enfermo y sudoroso parecía un resto más de los que la marea abandonaba sobre la arena. No había en él dignidad ni fortaleza alguna y, con su minada salud, habían desaparecido también el respeto y el temor que hasta entonces había infundido entre los suyos. Así, descuidado por sus hombres, que se habían adentrado en la isla en busca de agua, nadie se apercibió del levísimo rumor de patas que delataba la llegada de los cangrejos. Primero fue el pellizco de unas pinzas en la pierna, luego en el brazo, en las manos inútiles, en el cuello. El continuo rumor de las olas apagó sus gritos y, agotado e impedido, el marino nada pudo hacer frente a los voraces crustáceos. Sólo el luminoso cielo del Caribe fue testigo del atroz modo en que «su cadáver fue roído hasta los huesos».

De esta forma narraba Jules Trousset, en su *Historia de piratas y corsarios* publicada en París en 1880, la muerte del hombre que había devuelto el orgullo a la armada de Inglaterra y aterrorizado a los españoles tanto en las costas de América como en las de la misma España, el corsario inglés por excelencia: sir Francis Drake.

La admiración y el odio que despertaban sus hazañas habían terminado por hacerle entrar en los dominios de la leyenda, pues legendaria era la terrible muerte que el historiador daba por cierta. Frente a semejante suplicio, propio de un héroe de la mitología griega, fray Pedro Simón afirmaba, en su *Noticias historiales de las conquistas de Tierra Firme en las Indias occidentales*, publicado en 1892, que Drake en realidad había enfermado de disentería, como muchos otros de sus tripulantes, y que fue tal y tan irremediable su dolor que sus propios hombres decidieron echarle veneno en la comida para acortar su martirio. El corsario debió de temerse algo porque se negó a tomar alimento si no lo probaba alguien antes, de manera que «tomaron otro remedio que fue echar el tósigo en un clister o ayuda que le administraron, el cual debió de ser tan vehemente que al punto se le subió al corazón».

Aunque esta versión eutanásica de la muerte de Drake es tan poco fiable como la historia de los cangrejos, en lo que sí que parece haber acuerdo entre los historiadores modernos es en que fue probablemente la fiebre amarilla la que acabó con la vida de Francis Drake. No está claro si su cuerpo fue metido en un ataúd y arrojado al mar entre las salvas de artillería de su flota o si fue enterrado en un islote. Pero, en cualquier caso, lo cierto es que su vida terminó justo en el mismo lugar en que habían comenzado sus aventuras marineras, veinticuatro años atrás. Y en el interior de ese círculo vital se encierra una existencia emblemática y premonitoria que refleja como pocas la compulsiva codicia que ha terminado por convertirse en columna vertebral de la bárbara condición de los tiempos modernos. A fin de cuentas, por expresarlo en los términos del lenguaje económico de moda en las postrimerías del siglo XX, lo que llevó a Drake a convertirse en asolador de ciudades y ladrón de tesoros fue la reclamación de la libertad de mercado en las colonias de América, en las que la monarquía española había impuesto un régimen de monopolio comercial.

Drake había nacido, en una fecha imprecisa situada entre 1540 y 1545, en el seno de una humilde y numerosa familia de labradores vecinos de la villa inglesa de Crowndale, un pueblecito del interior de la península de Cornualles que estaba rodeado de páramos. Para un joven inquieto como él, la única posibilidad de escapar de la estéril Crowndale estaba en el cercano puerto de Plymouth.

Muchas de las familias que habitaban la costa inglesa del canal de La Mancha se dedicaban, desde hacía años, al contrabando y a la piratería, y sus víctimas se contaban especialmente entre las embarcaciones españolas, francesas y holandesas que frecuentaban la zona. Lo cierto es que el negocio resultaba tan rentable que no tardaron en involucrarse en él las autoridades locales y algunos miembros de la marina real, respaldados en Londres por altos cargos de la Administración. Hubo muchos y sonados casos, aunque tal vez el más llamativo fue el del vicealmirante de Cornualles, sir John Killigrew, cuya familia en pleno regentaba impunemente una lucrativa empresa de piratería desde el pequeño puerto de Falmouth. Pero la propia familia del vicealmirante pudo comprobar que la permisividad oficial ante este tipo de negocios también tenía un límite: los intereses de la corona. La desafortunada idea de la madre de sir John, lady Killigrew, de ordenar a sus hombres apoderarse (y, de paso, matar a la tripulación) de un barco de la Liga Hanseática que había atracado confiadamente en las cercanías de su castillo, puso en un aprieto diplomático a la reina Isabel. La consecuencia fue que lady Killigrew, aunque salvó la cabeza, no pudo evitar dar con sus venerables huesos en la cárcel.

En ese ambiente de capitalismo primitivo o de botín, propio de los siglos XVI y XVII, en el que el afán de lucro violentaba sistemáticamente las endebles barreras morales y legales de la época, comenzó su vida marinera Francis Drake. Para prosperar bastaba apoderarse de la riqueza ajena o forzar a otros a comprar lo que se les ofreciera, les interesara o no. Y ese afán inescrupuloso de dinero no era un sentimiento exclusivo del vulgo y de algunos hacendados y negociantes. Del Ejército al Parlamento, de la nobleza al clero, ningún poderoso parecía capaz de sustraerse a él. Ni siquiera la mismísima reina Isabel, cuya celebrada virginidad carnal no tenía correlato en la satisfacción de otros apetitos como la codicia, pues si los intereses políticos de Inglaterra y las diferencias religiosas animaban a propiciar los ataques a los intereses españoles, no menos cierto era que la reina bien se lucraba con tales desmanes. Buena prueba de ello es que la corona inglesa participó activamente como socio, con dinero o con la cesión de alguno de sus barcos, en las primeras empresas de piratería encubierta emprendidas en las costas americanas del Imperio español, a partir del año 1560, por John Hawkins, un armador que estaba emparentado lejanamente con el joven Drake.

La «técnica» de Hawkins era sencilla y eficaz. Primero visitaba la costa africana, para hacerse con un cargamento de esclavos negros que compraba a los reyezuelos locales o robaba a los negreros franceses que se cruzaban en su camino. Después, hacía escala en las islas Canarias, donde contaba con la ayuda de un español amigo suyo, un notable de la isla de Tenerife llamado Pedro Ponte. Por fin, ponía rumbo a América. Atracaba ante el puerto de su interés, que podía ser Santo Domingo o Cartagena de Indias, y pedía a las autoridades permiso para vender sus esclavos. Si las autoridades se lo concedían, no había problema; pero si, como era su deber, le respondían que el comercio con las Indias Occidentales era monopolio español y por tanto nada podían comprarle, entonces Hawkins amenazaba con recurrir a la violencia y, si era menester, realizaba algunos disparos de cañón para que quedara bien claro que no hablaba en vano. Por lo general, aquello bastaba para convencer a los españoles de la conveniencia de permitirle comerciar en el puerto. Curiosamente, y como prueba de la ambigüedad que presidía sus actos, Hawkins pagaba escrupulosamente a las autoridades españolas los impuestos establecidos para este tipo de transacción económica. Las ganancias del viaje, en todo caso, eran cuantiosas: en torno al sesenta por ciento. Pero semejante equilibrio entre amenazas y negocios era muy inestable y pronto el puro pillaje empezó a sustituir al forzado comercio.

Francis Drake hizo su primer viaje a América por cuenta de su acaudalado tío, enrolado en la expedición que éste envió bajo el mando de uno de sus hombres, el capitán John Lowell. Las tres naves partieron de Plymouth en noviembre de 1566, visitaron las islas Margarita y Curaçao y secuestraron en Borburata al teniente de alcalde y a varios comerciantes españoles por los que pidieron un rescate. Después se dirigieron al puerto de Río del Hacha, en las Antillas, pero sus cañonazos de amedrentamiento fueron respondidos con fuego de artillería y se vieron obligados a retirarse. Ya de regreso a Europa y para desquitarse del fracaso, saquearon algunas localidades de la isla de La Española.

El arrojo y talento demostrados por Francis Drake en su bautismo de fuego le hicieron pronto alcanzar protagonismo en la empresa de Hawkins. «Menos que mediano de cuerpo», como le describe fray Pedro Simón en su libro, «pero bien compuesto de miembros, hermoso, de rostro bermejo, de condición jovial», el joven Francis era discreto y «agudo en toda suerte de negocios, en especial del militar». No es pues de extrañar que en el siguiente viaje, que tuvo lugar un año más tarde, Hawkins decidiera dar a Drake el mando de una nave capturada a negreros portugueses en la costa de Guinea. Y, ya en las costas americanas, le nombró capitán del *Judith*, un navío ligero de 50 toneladas con el que Drake inició un nuevo asedio al puerto de Río del Hacha. Esta vez la flota pirata, más numerosa y mejor armada, tomó la ciudad, buena parte de la cual fue incendiada. Los habitantes no tuvieron más remedio que pagar 4.000 pesos para evitar que se le diera fuego al resto. Un método expeditivo y brutal que se convertiría en costumbre de aquellos corsarios que pronto serían conocidos por el sobrenombre de Halcones del Mar. El propio Drake reflejaría aquel chantaje incendiario, años después, al escribir las memorias de uno de sus viajes: «Todas las mañanas se iniciaban incendios. Debido a que las casas eran magníficas, construidas en piedra por entero, nos costó un esfuerzo tremendo su destrucción.»

Animado por el éxito, Hawkins puso rumbo a la ciudad de Cartagena de Indias que, como sucedía por entonces en la mayor parte de las posesiones españolas en América, apenas si estaba defendida. Tan sólo había dos pequeños fuertes a medio construir, insuficientes para proteger la compleja orografía de su bahía, y en la ciudad no disponían más que de dos cañones, uno de ellos prestado por el cabildo de Nombre de Dios. Sin embargo, donde no llegaba la fuerza podía llegar el ingenio. El gobernador de la villa, don Martín de las Alas, contestó con altanería a las amenazas de los corsarios y éstos no dudaron en disparar contra la ciudad. Para asombro de los ingleses, el gobernador les respondió con los cañonazos de numerosas piezas de artillería. En realidad no eran sino los dos cañones disparados alternativamente, que los españoles cambiaban a toda prisa de emplazamiento para hacer creer a sus atacantes que poseían una nutrida defensa artillera. El truco dio resultado pues Hawkins no se atrevió a acercarse más al puerto y, menos aún, a intentar un desembarco. El arrojo pirata siempre tuvo algo de oportunista, como cabía esperar en hombres de negocios por muy bárbaros que fueran sus métodos comerciales, y era costumbre entre ellos rehusar los combates demasiado igualados. A fin de cuentas, su propósito era enriquecerse con el menor riesgo y coste posibles.

De Cartagena se dirigieron a Veracruz y allí la escuadra de Hawkins sufrió un severo revés. Sólo un pequeño patache y dos barcos, uno de ellos el *Judith* que capitaneaba Drake, lograron escapar. El regreso a Inglaterra, a principios de 1569, fue humillante, y el relato amañado de los hechos, según el cual Hawkins y sus hombres no eran sino pacíficos comerciantes brutalmente atacados por los españoles, ayudó a encrespar los ánimos contra España.

Las relaciones entre los dos países atravesaban un período de paz oficial y de hostilidad soterrada. Hawkins, Drake y otros marinos, como Oxeham y Raleigh, actuaban con el apoyo de la reina Isabel, cual si fueran corsarios autorizados a atacar a embarcaciones de un país enemigo pero, al no haber guerra declarada, no podían recibir patente de corso y su actuación, legalmente, se correspondía con la de un pirata. De ese modo, el poder político inglés jugaba sus cartas tanto en el terreno de la legalidad, mediante negociaciones diplomáticas, como en el ilegal terreno de la delincuencia. Sin embargo, el trato que los poderes públicos ingleses daban a sus piratas tolerados rayaba en la provocación. Un buen ejemplo fue la recepción que la reina Isabel en persona dio a Francis Drake cuando éste terminó su vuelta al mundo, el 26 de septiembre de 1580.

Drake había dejado de ser ya el joven capitán que se fogueaba en las expediciones que otros comandaban. Desde hacía diez años, él era su propio comandante. En 1572, decidió intentar apoderarse en Portobelo de la plata que llegaba hasta allí, desde el Perú, a lomos de una caravana de mulos que debía atravesar penosamente el selvático istmo de Panamá. Tras un primer fracaso, se hizo con ochenta de aquellos valiosos mulos, cosechando una fortuna que le animó a nuevas empresas y le dio renombre en su patria.

Aquel prestigio le valió el respaldo a su nueva expedición de influyentes socios londinenses (sir Francis Walsingham, los condes de Leicester y de Lincoln y el inspector de la Marina, sir William Winter) e incluso el de la reina, que contribuyó a ella con mil coronas aunque decidió no aportar ningún barco para lograr así guardar las formas diplomáticas sin perderse los beneficios de la empresa. A mediados del mes de diciembre de 1577, Drake partió de Plymouth con cinco embarcaciones y el propósito de atacar las posesiones españolas en la costa americana del Pacífico, pues estaba convencido de que éstas debían de estar aún más desprotegidas que las emplazadas en la costa atlántica.

Sin embargo, antes de llegar a su codiciado objetivo debía atravesar el temible estrecho de Magallanes. A su entrada se produjo un tenso enfrentamiento entre Drake y uno de sus capitanes, el ambicioso John Daughty, que fue juzgado sumarísimamente por insubordinación y condenado a ser abandonado en tierra o ejecutado. El capitán Daughty eligió la pena de muerte y fue decapitado sin contemplaciones, pese a que Drake no estaba autorizado a tomar semejantes decisiones judiciales por su cuenta. Era un capítulo más de las tragedias a las que aquellas soledades del fin del mundo estaban llamadas a servir de escenario. La dureza de la empresa, en opinión de Drake, no admitía titubeos y el tiempo no tardó en venir a confirmarle en su criterio pues, a los pocos días, perdió uno de sus navíos en las aguas turbulentas del estrecho y los otros, apartados por el temporal, se vieron obligados a regresar a Inglaterra. De modo que cuando Drake se adentró por fin en las aguas del Pacífico, sólo disponía de una nave de 240 toneladas y catorce cañones que él mismo capitaneaba, la *Pelican*, a la que rebautizó con el nombre de *Golden Hind* (Cierva Dorada). Con ella causó estragos durante semanas en las costas de Chile, Perú y Ecuador. Y a la altura de Costa Rica apresó un carguero que llevaba a Panamá sedas, platos chinos, un halcón de oro y una gran esmeralda, procedentes de Filipinas. Pero Drake halló en él otro tesoro: las cartas de navegación de los españoles en las que se detallaba el rumbo hacia Asia a través del Pacífico.

Aquélla le pareció la mejor derrota a tomar porque, a buen seguro, las noticias de sus asaltos y saqueos habrían llegado ya a oídos de las autoridades locales y los españoles acecharían en el estrecho de Magallanes, a la espera de su regreso a Inglaterra. Su cálculo no iba desencaminado, pues una flotilla mandada por Juan de Villalobos y Pedro Sarmiento de Gamboa había partido rumbo al estrecho, donde esperarían vanamente su retorno para atacarle.

Drake se adentró en el Pacífico, a la altura de la costa de California, el 23 de julio de 1579. Y, tras hacer escala en las islas de los Ladrones (hoy islas Marianas), Mindanao, Molucas y Timor, dejar atrás la India y contornear la costa de África, llegó a Inglaterra con un tesoro cuyo valor era superior al presupuesto anual del Parlamento inglés: 250.000 libras. Y con la fabulosa esmeralda robada que regaló a su reina con maneras más propias de galán que de súbdito. Ésta, a cambio, no sólo le visitó a bordo de la *Golden Hind* y lució la joya, para escándalo y protesta de los diplomáticos españoles en Londres, sino que nombró caballero a Drake y le dio por escudo un globo terráqueo coronado por una nave y la leyenda: «Fuiste el primero en circundarme.» Afrenta de afrentas, a ojos de los españoles, pues no sólo falseaba la realidad histórica, al ignorar el viaje iniciado por Magallanes y finalizado por Juan Sebastián Elcano en 1522, sino que llevaba en su seno el sarcasmo de responder a una hazaña que sólo había sido posible con la ayuda de las cartas de navegación españolas compuestas, precisamente, gracias al viaje de Elcano. En todo caso, aquélla era una buena forma de decir al mundo entero que Inglaterra se sentía legitimada a disputar a España el dominio de los mares y de las tierras del Nuevo Mundo.

El mensaje fue recibido y Felipe II empezó a preparar la empresa de la Gran Armada, cuya misión era derrotar en guerra abierta a la cada vez más inquietante Inglaterra. La alianza del infortunio meteorológico y la torpeza militar (en particular la impericia marinera del duque de Medina-Sidonia, almirante de la flota) convirtió la expedición en una catástrofe. Aquel año de 1588 pasaría a la Historia como el de la destrucción de la Armada Invencible, como fue rebautizada la flota española por los historiadores ingleses para realzar su triunfo. Una destrucción a la que no fue ajena la pericia en combate de los marineros ingleses, entre los que estaban Francis Drake y John Hawkins que se transformaban así en indiscutibles héroes nacionales.

En los años previos, Drake se había convertido realmente en un honorable caballero. Compró la abadía de Buckland en 1581, fue nombrado alcalde de Plymouth y llegó a representar a Cornualles en el Parlamento de Londres. Pero no había abandonado sus negocios. En 1585 emprendió un nuevo viaje a América, en esta ocasión con la excusa de liberar a los navíos ingleses que estaban confinados en puertos españoles y con el apoyo explícito de la reina. Era una formidable escuadra de veinticinco barcos, dos de ellos de la corona, y dos mil trescientos hombres. De camino, saqueó la ciudad de Vigo e intentó asaltar Las Palmas. Ya en las costas americanas, incendió la ciudad de Santo Domingo, tras comprobar que no podría obtener el rescate de un millón de ducados que exigía; tomó Cartagena de Indias, en la que obtuvo trescientos mil ducados tras una larga negociación con el obispado que estuvo a punto de frustrarse por la indignación con que Drake acogió la noticia de que en los papeles oficiales de las autoridades españolas se le calificaba de pirata. Por fin, arrasó San Agustín, en el canal de La Florida, e hizo escala en la colonia inglesa que había fundado el año antes sir Walter Raleigh en la isla de Roanoke, frente a las costas del actual estado de Virginia, para llegar a Inglaterra en julio de 1586, con menos ganancias de las esperadas, dieciocho naves averiadas y casi mil hombres muertos. Pero con el honor de haber ridiculizado al poderoso Imperio español al atacar algunos de sus principales puertos americanos.

Sin embargo, el signo de su suerte había cambiado y durante la guerra entre Inglaterra y España, que ocupó sus esfuerzos en los años siguientes a la derrota de la Invencible, no consiguió ninguna relumbrante victoria. Y aunque atacó La Coruña y Lisboa, al frente de una fuerza formidable formada por ochenta barcos y veinte mil hombres, no consiguió tomarlas.

En 1595, diez años después de su última expedición a América, Francis Drake logró convencer a la reina Isabel para emprender el que iba a ser su último viaje. El objetivo era hacerse con la plata que un galeón español de la flota de Indias había dejado en Puerto Rico a causa de un naufragio y, después, instalar una colonia inglesa en las costas panameñas. En el último momento, la reina exigió que el mando de la flota (una veintena de barcos y dos mil quinientos hombres) fuera compartido por Drake y Hawkins, sus dos corsarios más experimentados y eficaces. Detrás de tal decisión quizá latiera la idea de compensar la temeridad y arrojo de Drake con la prudencia de su pariente, pero el hecho es que no tardó en revelarse poco acertada pues aquellas dos fuertes personalidades entraron pronto en disputas.

Drake condujo sus pasos hacia la muerte, de error en error, como si una mano invisible le empujara a ello. Se empeñó en conquistar Las Palmas de Gran Canaria, antes de poner proa a América. De ese modo, no sólo no logró hacerse con la ciudad sino que dio tiempo a que la flota de Indias llegara a España sin novedades. Más aún, Felipe II pudo mandar cinco fragatas a recoger el cargamento de plata de Puerto Rico y, cuando los corsarios ingleses llegaron al fin a San Juan, no encontraron más que cañonazos. La monarquía española había aprendido del pasado y ahora sus ciudades contaban con numerosa artillería y fuertes guarniciones.

Como una premonición, John Hawkins falleció de disentería a bordo de su navío, el 13 de noviembre de 1595, a los sesenta y tres años de edad. Drake, que tenía ahora bajo su mando a toda la flota, decidió abandonar el asedio de San Juan de Puerto Rico para dirigirse hacia las costas panameñas, no tanto con el propósito de fundar una colonia como con el de probar suerte en la ruta de la plata peruana, que tan buena fortuna le había deparado dos décadas atrás. Pero la historia no volvería a repetirse. Y aunque incendió Santa Marta, Río del Hacha y Nombre de Dios, el preciado metal se le mostró esquivo. Muchos de sus hombres murieron en los combates, entre ellos su sobrino. Y otros cayeron fulminados por la disentería, como le había sucedido a Hawkins, y por la fiebre amarilla como, finalmente, le sucedió también al propio Drake en las cercanías de Portobelo.

Con su muerte, las autoridades españolas creyeron haberse librado al fin de la plaga corsaria inglesa, de aquellos temibles Halcones del Mar que tantos problemas les causaban. Sin embargo, sus incursiones no habían sido más que el inicio de la piratería en América. Después vendría la piratería libertaria de los filibusteros y los bucaneros, sin más amos que ellos mismos y su insaciable codicia (aunque no dudaron en establecer alianzas circunstanciales con Francia o Inglaterra), que desde la legendaria isla de La Tortuga y desde Jamaica convertirían el Caribe en un mar de pesadilla durante un siglo. El Olonés, Morgan, Rakham o Barbanegra serían los nombres propios de la nueva piratería.

La vida de sir Francis Drake había sido una incesante persecución de la riqueza. Un sueño contagioso que ya había llevado a tierras americanas a muchos españoles en busca de Eldorado. Pero los corsarios y piratas, salvo Raleigh que acabó buscando un fabuloso lago de oro en la Guayana, preferían buscar los frutos de Eldorado una vez que estaban a bordo de los galeones españoles. Sus vidas terribles, vistas en la distancia, tuvieron al menos la virtud de hacer patente la feroz doblez del poder. Y la fascinación que sus historias aún ejercen, la misma que llevó a escritores como Stevenson, Conrad, Verne, Salgari o Sabatini a fantasear con sus aventuras, es en el fondo la misma que provocan otros delicuentes más cercanos en el tiempo, como los pistoleros del Far West o los gánsters del Chicago de los años veinte. Son los bárbaros que todos hemos deseado en algún momento ser, los salvajes habitantes de un mundo fronterizo regido por la violencia. En ellos, en sus carnes devoradas por los cangrejos o cosidas a balazos, se exorcizan nuestros demonios.

## En el reino de Midgard, la serpiente

Cuenta el libro de *La alucinación de Gylfi*, escrito a principios del siglo XIII por el islandés Snorri Sturluson, que un día el poderoso dios Thor se encontró con un gigante llamado Hymir y que se hicieron juntos a la mar para pescar. Navegaron velozmente y cuando Hymir dijo que habían llegado a un lugar donde él solía anclar y donde la pesca era abundante, Thor le respondió que pensaba ir más lejos. Hymir protestó que ya estaban tan lejos que era peligroso avanzar más, pues de hacerlo corrían el riesgo de toparse con la Serpiente que Rodea la Tierra. De nada le sirvió, pues Thor siguió remando con fuerza. Por fin echaron al mar un anzuelo con la cabeza de un buey como cebo y pronto sintieron un tremendo tirón que no podía ser sino de la Serpiente que Rodea la Tierra. Thor reunió toda su divina fuerza y jaló de la soga hasta que logró sacar la monstruosa cabeza de la serpiente fuera del agua.

«Y no cabe decir que alguien ha visto cosas espantosas si no ha visto esto —escribe Sturluson—, Thor arrojando miradas feroces a la serpiente y la serpiente, a su vez, mirándolo desde abajo y exhalando veneno. También se dice que el gigante Hymir palideció, se puso amarillo y tuvo mucho miedo al ver a la serpiente y el oleaje que llenaba el barco.»

Quizá fuera ese miedo el que le impulsó a manotear en busca de su cuchillo y a cortar la soga sobre la borda del barco justo en el momento en que Thor blandía su martillo. La serpiente, librada de su atadura, se hundió violentamente en el mar y tras ella voló el martillo del dios. Y, según se cuenta, fue a acertarle en las profundidades y aplastó su cabeza contra el lecho del mar. Eso se decía.

Claro que nadie pudo verlo y, de hecho, todos creían que la serpiente seguía viviendo en el mar que rodea la tierra...

Ése era el mundo de leyendas en que todavía fue educado durante su primera infancia el joven vikingo Leif Eiriksson, dos siglos y medio antes de que Sturluson dejara constancia de ellas en sus escritos: un mundo en que los dioses Odín, Thor y el artero Loki moraban en la mítica ciudad de Asgard, mientras los hombres habitaban la Tierra, a la que llamaban Midgard, rodeada por un vasto y tenebroso mar en cuyo seno se agitaba la gigantesca serpiente Midgardsormr. Un abismo de agua que no era otro que el océano que se extendía hacia occidente más allá de las costas islandesas. Un mundo que aguardaba la legendaria llegada del Ragnarok, el apocalipsis final de la mitología escandinava.

Pero según la cronología de la nueva religión cristiana, que proclamaba la existencia de un solo Dios y que pronto iba a desplazar a las viejas divinidades en la isla en que residía Leif, Islandia, faltaban tan sólo unos pocos años para que llegara otra fecha señalada: el año 1000. La fe en Jesucristo, que se había expandido en aquellos mil años por toda Europa, no tardaría en llegar también al seno de la familia de Leif.

Hijo de un noble noruego llamado Eirik Thorvaldsson, más conocido por el apodo de Eirik *el Rojo*, Leif había nacido en la colonia vikinga de Islandia. Su padre y su abuelo, hombres de carácter severo y enérgico, habían dado muerte en Noruega a algunos de sus adversarios y el camino del exilio en la nueva colonia islandesa, que sólo tenía un siglo de vida y contaba con poco más de cuarenta mil habitantes, fue su única salida para escapar de las represalias. Se instalaron en el norte de la isla, en Horntrandir; y, tras la muerte del abuelo, Eirik *el Rojo* se trasladó a un valle del sur en el que conoció a Thjodhild, una mujer de fuerte carácter que procedía de una importante familia noruega emparentada con la realeza. Se casaron y tuvieron cuatro hijos: tres varones —Leif, Thorvald y Thorstein— y una niña a la que llamaron Freydis.

Leif creció en medio de una naturaleza hostil, en una tierra llena de glaciares, páramos, profundos fiordos y volcanes, una isla cuyas entrañas parecían retorcerse por obra de los mismísimos dioses y cuyos valles y montañas semejaban cicatrices dejadas por la mano de un encolerizado gigante. La severidad de sus padres vino a completar su educación de vikingo dotándole de la fortaleza necesaria para afrontar la vida en las inhóspitas regiones septentrionales del planeta. Una fortaleza no exenta, sin embargo, de equilibrio. El antiguo texto que cuenta su historia, *La saga de los groenlandeses*, le describe así: «Leif era alto y fuerte, de impresionante apariencia; era hombre perspicaz y de conducta siempre moderada.»

Por si no bastaran el frío insoportable y el fuego volcánico, pronto fueron las obras de los hombres las encargadas de poner a prueba ese carácter. La vida en Islandia se había regido más por la fuerza que por las instituciones. Aquélla era una sociedad joven formada por ambiciosos colonos cuyas posesiones de tierras y de bienes guardaban aún fresca la memoria del pillaje de un mundo virgen. Las disputas eran frecuentes y la lejana autoridad de los reyes noruegos no regía de hecho en la isla. Para poner coto a tal situación, la sociedad islandesa se organizó en una república aristocrática que contaba con el primer parlamento de que se tiene noticia, el Althing. Pero en la naciente república la resolución de las sangrientas disputas seguía dependiendo más de los apoyos que tuviera cada parte que de criterios de justicia.

Eirik *el Rojo*, como nuevo vecino del valle de Hauka, terminó por enfrentarse con uno de los colonos que allí se habían instalado. Los esclavos de Eirik habían provocado un alud que destruyó la granja de su vecino, y un pariente de éste, llamado Eyjolf, tomó expeditiva venganza dándoles muerte. Eirik, que no era hombre que se dejara intimidar, mató a su vez a Eyjolf y, por las mismas fechas, acabó también con la vida de otro colono cuyo apodo da buena idea de sus maneras: Hranf *el Duelista*. Los parientes de Eyjolf lograron que el forastero fuera juzgado y desterrado del valle, y durante un tiempo Eirik y su familia vagaron por las islas de la costa islandesa sin saber dónde instalarse. Mientras duraba su búsqueda, Eirik dejó al cuidado de un noble, llamado Thorgest de Breidabolstad, los hermosos pilares de madera rituales que habían adornado el trono de su casa en el valle de Hauka. Era costumbre que pilares como aquéllos ornasen los hogares de los hombres de alcurnia e incluso de algunos campesinos hacendados. Ricamente tallados, los pilares daban cuenta de la importancia social de la casa, pero sobre todo resultaban imprescindibles, según las creencias vikingas, para saber si los dioses aprobaban una nueva residencia: al arrojarlos al mar, los dioses los dirigirían hacia el lugar en que debía emplazarse el nuevo hogar.

Cuando Eirik decidió finalmente asentarse en una de las islas del Gran Fiordo de la costa oeste islandesa, llamada Oxney (la isla de los Bueyes) y pretendió recuperar sus pilares, Thorgest se negó a entregárselos. De poco le sirvió su negativa, pues Eirik se dirigió a la casa de Breidabolstad y se hizo con los pilares. En la batalla que se siguió murieron dos de los hijos de Thorgest y el ansia de venganza vino a enconar la hostilidad entre las dos familias.

Durante algún tiempo, Eirik y Thorgest mantuvieron sendas partidas de guerreros en sus respectivas casas. Otros nobles colonos de la zona empezaron a tomar partido por uno y por otro y, por fin, antes que la disputa degenerara en males mayores, el Parlamento decidió imponer a Eirik un castigo no demasiado severo, pero que sirviera al menos para acabar con las hostilidades: fue condenado a tres años de exilio fuera de Islandia.

Eirik *el Rojo* tomó la adversidad como ocasión para engrandecer su nombre y su fortuna y, para sorpresa de todos, decidió poner proa a poniente, hacia el frío y brumoso océano donde habitaba la Serpiente que Rodea la Tierra. El suyo no era un acto de desesperación ni de locura. Ni siquiera un acto temerario. Todo el mundo sabía en Islandia, desde hacía medio siglo, que al oeste había tierra. Un colono noruego llamado Gunnbjörn, al que los vientos arrastraron en aquella dirección, había avistado unos grandes arrecifes antes de poder poner rumbo de vuelta a Islandia. Sus descendientes daban fe de que aquello era cierto. Y, por si cupiera alguna duda, no hacía ni un año que otro navegante islandés, Hrólf Thorbjarnarsson, había regresado de una accidentada y violenta expedición en la que había muerto la mitad de sus hombres y, según contaba, él mismo había desembarcado en los arrecifes de Gunnbjörn. El exilio, pues, era la excusa que Eirik necesitaba para emprender un viaje colonizador.

Toda la familia se embarcó rumbo a poniente en el otoño del año 982, cerca del glaciar de Snaeffel. A los pocos días de navegar las frías aguas oceánicas, llegaron a una costa abrupta, ignota y solitaria, en la que desembocaba otro glaciar al que pusieron por nombre Midjokul. La línea de costa que se ofrecía a sus ojos era poco prometedora: azotada por un mar bravo, se perdía en el horizonte como una enorme y gélida barrera. No ofrecía ningún amparo donde intentar levantar un asentamiento, así que decidieron costearla hacia el sur en busca de un lugar propicio o de algún paso que les permitiera volver a poner rumbo a poniente, cosa que lograron al fin, tras contornear un gran cabo. A estribor, la costa se abría en innumerables fiordos y, en ella, las piedras desnudas habían dejado paso a extensos pastos. Como el invierno se echaba encima, Eirik ordenó echar ancla en una de las muchas islas que allí había, en la que permanecieron hasta la primavera.

Con la llegada del buen tiempo reemprendieron la exploración de la costa, que pronto volvió a perderse hacia el norte. Estaba claro que se encontraban en el extremo sur de un vasto territorio, pues, de nuevo, hacia poniente el horizonte no ofrecía otra cosa que el misterio de un mar desconocido. Durante dos años, Eirik y su familia navegaron las costas de aquella nueva tierra, recorrieron páramos y se adentraron en archipiélagos y fiordos laberínticos; y en el recato de uno de ellos, al que dieron por nombre Eirikjord, levantaron algunas casas. La tierra era fría y casi sin árboles, pero había hierba para el ganado y era posible la labranza. Se podía vivir de ella, aunque no prometía una vida fácil. No importaba, estaban acostumbrados a vérselas con una naturaleza adversa. En el verano del año 985, cuando se cumplió el tiempo de su condena de destierro, Eirik *el Rojo* había tomado ya una decisión: regresaría a Islandia para dar cuenta de sus descubrimientos y para reclutar los colonos necesarios para poblar aquellas nuevas tierras.

Durante sus años de ausencia, la religión cristiana había contado en Islandia con dos activos propagadores: dos obispos misioneros llamados Fridrek y Kodransson. Y aunque no habían logrado la conversión colectiva de los vikingos islandeses, lo cierto es que sus palabras tampoco habían caído en el vacío. Un mundo nuevo se abría a occidente, según contaba a su regreso el valeroso Eirik *el Rojo*, y los viejos dioses parecían aún más viejos en aquellos tiempos nuevos. No era de extrañar que la pasión por la nueva fe se extendiera rápidamente por la isla y que terminara por prender también en el corazón de la misma esposa de Eirik. Por más que éste se aferrara aún a sus antiguas creencias, ella no tardó en intentar iniciar a sus hijos, todavía muchachos, en la adoración de Jesucristo.

Que Eirik era hombre testarudo quedó bien probado cuando, al poco tiempo de su retorno a Islandia, volvió a enfrentarse al noble por cuya causa había tenido que exiliarse: el poderoso Thorgest de Breidabolstad. Pero si su honor todavía clamaba venganza, su corazón estaba ya fuera de Islandia. Tras algunos reveses militares, Eirik desistió de sus propósitos y se avino a firmar una paz que le permitió dedicarse plenamente a preparar la colonización de las nuevas tierras occidentales, a las que había llamado Groenlandia (Tierra Verde) en lo que bien podría calificarse de acierto propagandístico pues, según cuenta *La saga de los groenlandeses*, «decía que la gente se sentiría mucho más tentada de ir allí si el lugar tenía un nombre atractivo».

En el verano del año 986, Eirik y su familia partían de nuevo hacia Groenlandia, esta vez al frente de una flota de veinticinco barcos cargados de enseres y animales. Pero los sueños de muchos de aquellos viajeros se rompieron contra los escollos de la adversidad: once de los navíos se perdieron en el transcurso de la dura travesía.

Los cuatrocientos colonos que alcanzaron la costa groenlandesa se pusieron de inmediato a la tarea de edificar sus granjas y a trabajar sus nuevas posesiones. Y, durante tres años, la nueva colonia se extendió en torno a la casa señorial de Eirik *el Rojo*, llamada Brattahlid. Se construyeron algunas forjas y pronto la colonia empezó a producir sus propias herramientas y a cosechar cebada y centeno. El pescado ahumado, los musgos y helechos comestibles, las gachas y la cerveza completaban su austera dieta.

Pero la llamada del Nuevo Mundo no había hecho más que empezar. No pasó mucho tiempo antes de que Bjarni Herjólfsson, un rico comerciante islandés que iba a visitar a su padre en la colonia groenlandesa, trajera noticia de la existencia de otras tierras ignotas: su nave había perdido rumbo a causa del mal tiempo y acabó frente a una costa que nada tenía que ver con lo que Eirik *el Rojo* había contado de Groenlandia. La posición del sol señalaba que se hallaba muy al sur, desde el mar se divisaban grandes bosques y no había ventisqueros ni altas montañas. Cuando por fin, tras poner proa al noreste, llegó a la colonia groenlandesa, sus palabras sobre la bonanza de aquellas tierras no tardaron en despertar la imaginación de Leif, el hijo de Eirik, excitada ya por la novedad de la fe cristiana que recientemente le había inculcado su madre y cuya aceptación por el propio rey Olaf había podido comprobar por sí mismo durante el viaje que acababa de realizar a la corte noruega. La nueva religión se había colado en la mismísima alcoba de Eirik pues su esposa, cuya terquedad poco tenía que envidiar a la de su marido, se negó a seguir compartiendo lecho con él hasta que no se convirtiera también al cristianismo, y ni siquiera el que el vikingo le construyera una pequeña iglesia en un lugar apartado de su granja, tal y como ella le había pedido, bastó para hacerla desistir de su actitud.

Leif tuvo que convencer a su padre para viajar hasta aquellas nuevas tierras occidentales avistadas por Bjarni. Eirik, que había cumplido ya los cincuenta años de edad, se sentía viejo y cansado pero, en el verano del año 999, accedió a emprender la aventura y Leif compró a Bjarni su barco y se hizo con una tripulación de treinta y cinco hombres. Pero el azar, los viejos dioses o la voluntad del que ahora adoraba su esposa hicieron que, el mismo día en que iban a embarcar, el caballo de Eirik *el Rojo* tropezara y en su caída rompiera una pierna del jinete. La rotura era un contratiempo pero, en la supersticiosa mentalidad vikinga, crédula en presagios y adivinaciones, la caída del caballo era un pésimo augurio. Eirik se negó a aplazar la partida hasta su recuperación y dijo:

—No estoy llamado a descubrir más países que éste en el que ahora vivo. Aquí ha terminado el viaje, al menos para mí.

De ese modo, Leif Eriksson partió al mando de la expedición sin la experimentada compañía de su padre, aunque éste se había encargado de que entre la tripulación estuviera un hombre del sur, un alemán llamado Tyrkir, de corta estatura y aspecto enfermizo, que era amigo de la familia y había cuidado a Leif desde pequeño, razón por la que éste le consideraba como un padre adoptivo.

Pusieron proa al oeste y navegaron con confianza hasta que avistaron tierra, aunque no era como la que había descrito Bjarni. Ésta era rocosa, estéril y cubierta de glaciares. Leif decidió llamarla Helluland (Tierra de Piedras Llanas) y, sin perder tiempo, se hizo de nuevo a la mar con rumbo suroeste. Algunos días después, avistaron tierra de nuevo y «aquél era un país llano y arbolado, con blancas playas de arena por doquier». Allí había madera suficiente para satisfacer las carencias de ese material en la colonia groenlandesa. Leif decidió llamarlo Markland (Tierra de Bosques) y, de nuevo sin perder más tiempo, se hicieron a la mar pues esperaba encontrar tierras aún más benignas al sur, como sucedió dos días más tarde.

Habían navegado con un viento del noroeste que les alejó de la costa y dificultó su búsqueda, pero al fin volvieron a divisar tierra y a ella se dirigieron, de nuevo rumbo a poniente. Llegaron a una isla, «bajaron a tierra y miraron en torno. Hacía muy buen tiempo y el rocío vestía la hierba, y lo primero que hicieron fue recoger unas gotas con sus manos y humedecerse con ellas los labios. Y aquel rocío les pareció la cosa más dulce que habían probado jamás».

Tras un breve descanso volvieron a embarcarse y se adentraron, ahora rumbo al norte, por el estrecho que separaba la isla de una gran masa de tierra. Rodearon un cabo y se encontraron con unos bajíos en los que la marea descendía hasta casi hacer perder el mar de vista, dejando al barco en seco. Cuando volvió a subir la marea, navegaron hasta la costa, echaron ancla junto a la desembocadura de un río y comenzaron a levantar sus cabañas, dispuestos a pasar el invierno allí y a explorar aquella prometedora región.

El clima era agradable, la hierba abundante y los salmones remontaban el curso del río. Por una vez, la naturaleza parecía convertirse en su aliada. Leif dividió a sus hombres en grupos, dejando algunos al cuidado de las cabañas y enviando a los demás a reconocer el territorio en cortas expediciones, de tan sólo una jornada de duración, en las que hallaron campos de trigo silvestre y grandes bosques de arces, pero no encontraron rastro alguno de presencia humana.

Un día, Tyrkir no regresó al campamento. Leif reprendió a sus hombres por haberle abandonado e, inquieto, organizó de inmediato su búsqueda. No se habían alejado mucho de las cabañas cuando vieron llegar a Tyrkir, sonriente y satisfecho.

Leif le preguntó por la causa de su retraso y Tyrkir, cuya euforia le hacía hablar en su lengua alemana, tardó un poco en calmarse y responder en islandés:

—No fui mucho más lejos que vosotros, pero traigo buenas nuevas: ¡he encontrado vides y uvas!

—¿Es eso cierto?

—Desde luego que lo es. Donde yo nací abundaban los viñedos.

No podía haber mejor indicio de la bonanza de aquella región que la promesa del vino. Satisfecho, Leif decidió que había llegado el momento de llevar la noticia de sus descubrimientos a Groenlandia y, una vez que llegó la primavera tras un apacible invierno en el que ni siquiera llegó a helar, zarpó rumbo al norte, con su nave cargada de madera y de viñas. Atrás quedaron aquella tierra feraz, a la que había puesto por nombre Vinland (Tierra de Viñas) y sus cabañas, que se levantaban silenciosas y abandonadas en la ribera del río.

De regreso a Groenlandia aún tuvo ocasión de socorrer a unos náufragos, entre los que se hallaban una hermosa mujer llamada Gudrid y su esposo, un matrimonio noruego al que Leif invitó a albergarse en casa de su padre. La noticia de su viaje le valió gran fama y el apodo del Afortunado. Y realmente, como viajero, lo había sido. Las viñas eran la prueba de la bondad de las tierras que había descubierto, de igual modo que su esposa Thorgunna, a la que había conocido en las islas Hébridas, testificaba que la desdicha de un temporal como el que le había arrastrado hasta las costas escocesas años atrás podía ser la ocasión para hallar un inesperado amor. Sin embargo, Leif ya nunca volvería a viajar.

A poco de su regreso, una epidemia acabó con la vida del esposo de Gudrid y con la del propio Eirik *el Rojo* que, de este modo, moría en la antigua fe de los vikingos como punto final de una larga disputa conyugal. Ese mismo año 1000, tal y como había sucedido el año anterior en Islandia, la colonia de Groenlandia adoptó el cristianismo como religión oficial. Leif se hizo cargo de la casa señorial y las muchas obligaciones de su posición le alejaron definitivamente de la vida aventurera, pero sus hermanos decidieron tomar el relevo y continuar con sus descubrimientos. Sin embargo, las sucesivas expediciones que organizaron hasta las cabañas de Vinland fueron desastrosas. En la primera, Thorvald halló la muerte a manos de los indígenas con los que Leif no había llegado a toparse. Después, Thorstein, que se había casado con la viuda Gudrid, lo intentó de nuevo pero ni siquiera logró salir de Groenlandia: una repentina enfermedad acabó con su vida.

Más suerte tuvo un marino noruego llamado Karlsefni, que a su llegada a Groenlandia se había enamorado de la hermosa y doblemente viuda Gudrid, con quien Leif le autorizó a casarse. En el año 1020, Karlsefni partió hacia las cabañas de Leif en Vinland, junto a su esposa y a sesenta hombres y cinco mujeres, con el propósito de crear una colonia estable. Pero, al cabo de tres años de esfuerzos y de constantes conflictos con los indígenas, hubo de renunciar a su empeño y regresó a Groenlandia trayéndose consigo un singular prodigio: su hijo Snorri, el único vikingo nacido en Vinland.

Ya no hubo más expediciones a las tierras occidentales o, al menos, no se guarda recuerdo de ellas. Durante los siglos siguientes, la noticia de los hallazgos vikingos tuvo algunos ecos en Europa. En el año 1075, el director de la escuela catedralicia de Bremen dejó escrito que el rey de los daneses, Sveinn Ulfsson, le había hablado de «una isla más de las muchas que se habían encontrado en el océano. Se llama Vinland por causa de sus vides, que producen excelente vino y crecen allí en estado silvestre». Y a mediados del siglo XII, movido por el afán evangelizador, el obispo islandés Erik Gnúpsson se arriesgó a partir en busca de aquella Vinland legendaria a la que nadie había regresado. Nunca se volvió a saber de él.

Desgraciadamente, los textos de la mayor parte de las sagas islandesas se perdieron en el siglo XIX cuando naufragó el barco que transportaba la colección hacia Europa. Con ellas se perdió también la memoria que atesoraban, como si fuera una manifestación más de una maldición de olvido que se había iniciado mucho antes, cuando empezó a difuminarse el recuerdo de la esforzada colonia de Groenlandia, trescientos años después de que la fundara Eirik *el Rojo*. Interrumpidas las comunicaciones marítimas con Islandia a causa de la peste negra del año 1349, la colonia groenlandesa quedó aislada y fue sucumbiendo al creciente frío de la región, a las penurias y a la soledad. Los esqueletos hallados en sus ruinas han revelado desnutrición, malformaciones y una gran caída de la natalidad. Los últimos vikingos abandonaron definitivamente Groenlandia hacia el año 1480, poco antes de que Cristóbal Colón iniciara su primer viaje, vencidos por la inclemencia de aquella falsa tierra verde. Y así, primero Vinland y después la misma Groenlandia cayeron en el olvido, como la vieja Serpiente que Rodea la Tierra.

El recuerdo de los dioses de Asgard ha llegado hasta nuestros días gracias a textos como *La alucinación de Gylfi*, pero ¿qué quedó de aquellos hombres y de su aventura? Palabras también, hermosas palabras. Memoria hecha literatura y leyenda en las pocas sagas que se conservan y que dan cuenta de la gesta de su espíritu aventurero. Un espíritu que se alimentó de desesperación, necesidad, valor, codicia, curiosidad y ansia de libertad: lo mejor y lo peor de la condición humana. Como en todas las empresas descubridoras acometidas por el hombre.

Hoy, los historiadores creen que las tierras que Leif Eriksson llamó Helluland y Markland se corresponden con las islas de Baffin y de Terranova, en las costas americanas, y que la fabulosa Vinland estaba en algún lugar de la gran bahía de Fundy, quizás en la ensenada de Passamaquoddy, que está a la entrada de aquélla, justo en la frontera actual entre Estados Unidos y Canadá.

Pero hay más que palabras. En la isla de Terranova, frente a la península del Labrador, en una pequeña ensenada llamada L'Anse aux Meadows, junto a un arroyo que llaman del Pato Negro, se descubrieron en 1961 las solitarias ruinas de unas casas de tipo escandinavo. Las pruebas científicas efectuadas con el carbono 14 señalaron que habían sido construidas, aproximadamente, hacia el año 1000. Ellas son la prueba de la realidad que se esconde tras la leyenda. El vestigio material del paso de aquellos primeros europeos por el Nuevo Mundo.

# La duelista

Corría la segunda década de 1600, en las tierras nuevas del virreinato del Perú, en la villa de La Concepción, cuando una noche de timba y bebida que reunía alrededor del verde tapete de los dados a una docena de aventureros españoles, en su mayoría marineros, se vio interrumpida por la llegada a la concurrida casa de juegos de un nuevo visitante. Éste fue saludado por todos como «señor Alférez», por ser soldado de los tercios de Chile. Era mozo de unos veinticinco años y vestía con cierto elegante desaliño. Lucía sombrero con pluma y cintillo azul, golilla de encaje, jubón carmesí y cinturón de terciopelo del que pendía una hoja con gavilán dorado. Su rostro era imberbe, pero de gesto firme, y le precedía la fama de ser diestro con la espada y hombre de genio duro, «tan duro como el hierro de las montañas vascongadas en que había nacido», al decir de los mentideros de la villa. Hacía poco que había alcanzado el grado de alférez, tras luchar heroicamente en la batalla librada por las tropas españolas contra los indios en los llanos de Valdivia, donde fue herido al lograr recuperar, a golpe de mandoble, el estandarte del gobernador Alonso de Sarabia, robado por un cacique rebelde. Poco tiempo después, el alférez Antonio, pues por tal nombre se le conocía, no había tenido empacho alguno en hacer colgar a otro cacique indio, llamado Francisco Quispiguancha, después de derrotarle en combate. Ejecución que había indignado al gobernador, quien le reprochó el haberse tomado la justicia por su mano y le retiró el mando de la compañía de soldados que tenía a sus órdenes. Razón esta por la cual el Alférez se hallaba en La Concepción desde hacía poco más de un mes.

Se sentó el recién llegado a la mesa, entre las bravuconadas propias de jugadores, y se sumó a la partida con temerarias apuestas que no tardaron en calentar los ánimos de los participantes. Los retos fueron creciéndose de lance en lance hasta que en una mano dieron los dados en quedar montados unos sobre otros. Al verse ases en los de arriba, demandó el jugador que había lanzado que se diera por buena la tirada, a lo que el Alférez repuso que aquélla no era manera de jugar y que debía lanzar de nuevo. Se alzaron las voces y de los insultos no tardó en pasarse a los actos. Desenvainó el soldado y en un santiamén fue a hundirse el acero de su espada en el pecho de su adversario, que se desplomó fulminado.

Toda la casa de juego estalló en tremenda trifulca. Los amigos del muerto se lanzaron sobre el soldado presos de ira, mas éste no tardó en encontrar entre los presentes quien le asistiera en la defensa. Uno de ellos, el capitán Miguel de Erauso, había servido con él tres años antes y, a pesar de que las atenciones que el alférez Antonio había dispensado a la amante que aquél tenía habían sido causa de un distanciamiento, el calor de esa antigua camaradería y el hecho de que ambos fueran vascos nacidos en San Sebastián le movieron a ponerse de su lado en la reyerta que no tardó en propagarse más allá de los muros del local. Salieron a la calle los espadachines, hubo cruce de estoques y dagas, juramentos y lamentos, y el propio auditor de la villa, que a la sazón se hallaba en la casa de juegos y que sentía poca estima por el pendenciero Alférez, fue a dar con sus huesos al suelo y rindió su alma al señor justo en el momento en que llegaba la ronda, alertada por tanto alboroto. La situación era insostenible y el capitán Miguel de Erauso señaló al Alférez la puerta de la iglesia de San Francisco. Aquélla era su única salida, acogerse a la protección de la iglesia con la esperanza de que el temporal amainase.

Así lo hizo y, durante seis meses, el alférez Antonio Díaz permaneció en el interior de la iglesia, asediado por los hombres que el gobernador, encolerizado, mandó apostar en torno al edificio. Se ofreció recompensa a quien entregara al asesino a la justicia, se leyó un bando en el que se le prohibía embarcar en ningún puerto de la región y se dio aviso a las guarniciones y plazas fuertes de la provincia para que hicieran cumplir tal prohibición, en caso de que lograra evadir el cerco. Pero el tiempo transcurrió sin que osara el Alférez asomar la nariz más allá de la puerta de la iglesia. La guardia se relajó, los muchos sobresaltos del gobierno de aquellas tierras levantiscas distrajeron la atención de las autoridades y los amigos del asediado se atrevieron incluso a comenzar a visitarle, disfrazados de frailes, para aliviar su cautiverio.

Fue en el transcurso de una de aquellas visitas en el que la desdicha acabó de tejer la malla de su negro traje en torno al Alférez. Uno de sus amigos se presentó en la iglesia con el semblante demudado y la ira en los ojos. Le dijo que aquella misma noche había acordado batirse en duelo con un caballero de la Orden de Santiago que le había desafiado. El problema era que necesitaba una espada amiga que fuera su segundo y no había nadie en la villa como él, Antonio Díaz, que pudiera ayudarle en tal empresa.

Al llamado de la amistad y de la aventura, el Alférez se apresuró a aceptar acompañarle en el duelo, aun sabiendo el riesgo que corría al abandonar el amparo de la iglesia. Rezaron, comieron algo, que el estómago vacío enturbia la vista, y se echaron a la noche. La oscuridad era tal que ambos amigos acordaron atarse un pañuelo blanco al brazo para poder reconocerse en el combate, no fuera que se hirieran por confusión.

El caballero de la Orden de Santiago no tardó en llegar al lugar de la cita, acompañado a su vez de su segundo. Las tinieblas hacían los rostros invisibles, tan sólo se apreciaba la silueta de los sombreros, el vuelo de las capas y el brillo intermitente de los aceros. Sólo los dos retados cruzaron breves palabras y sus voces resonaron con la seca y cortés ferocidad de quienes han empeñado su honor a la muerte. Se inició el combate, su danza de gestos apresurados y violentas arremetidas, su música de alientos entrecortados y entrechocar de espadas. Al cabo de un rato, los dos ofendidos yacían en el suelo, mutuamente heridos, pero sus segundos continuaban el duelo con tanta ferocidad como si hubieran sido ellos mismos los receptores de la ofensa. El alférez Antonio recurrió a todas sus habilidades de espadachín, pues su adversario en realidad era tan diestro como él, y en particular a la estocada que él mismo había inventado y que ya empezaba a ser conocida como «el golpe sin misericordia». De ese modo, logró al fin hacer llegar el mensaje frío de su acero hasta el pecho de su rival, justo bajo la tetilla izquierda. Y éste, al desplomarse, gritó con sus últimas fuerzas:

—¡Ah, traidor, me has muerto!

Aquella voz dejó al Alférez paralizado de espanto. Él la había oído antes y la sombra de un nombre imposible se agitó en su conciencia. Se arrodilló junto al agonizante y le preguntó quién era. La respuesta vino a confirmar sus peores temores:

—Soy el capitán Miguel de Erauso.

No ha habido tormenta alguna, por espantosa y legendaria que fuera, que pueda compararse con la que atravesó el alma de Antonio Díaz al reconocer en su víctima a su antiguo camarada, al hombre que le había ayudado a salvar el pellejo seis meses antes. Ni el oleaje enviado por Poseidón contra el astuto Odiseo, ni los truenos que acompañaron a la armada del rey Felipe II en su fatídica lucha frente a las costas de Inglaterra, ni el vendaval que azota el canal de las Bahamas y ha hecho de aquel mar sepultura de tantos bravos marinos españoles, ninguna manifestación de la Naturaleza alcanza la desolación que generan los mismos humanos a la hora de labrar su infortunio. Por su propia mano, con su propia saña, merced a su destreza y a su ira, el Alférez había atravesado el pecho de un amigo, sin que sus gritos pidiendo confesión para el caído sirvieran para otra cosa que para proporcionarle consuelo en el tránsito al más allá. Pero en aquella muerte morían tantas otras cosas; se escondían tras ella tantas mentiras, que nadie, ni el mismo herido, podía imaginar las nubes de dolor y culpa que se cernían sobre el vencedor soldado. Sólo él, sólo Antonio Díaz sabía que el capitán Miguel de Erauso, a quien conducían al fin ante el cirujano del gobernador, era más que un amigo y que un compañero de armas, aventuras y disputas: era su hermano. Como Edipo, había herido de muerte a uno de los suyos sin saberlo, pero en este caso el secreto y la ignorancia iban mucho más lejos. Porque el agonizante Miguel de Erauso iba a abandonar este mundo convencido de haber sido muerto por su amigo el Alférez, ignorante del parentesco que les unía pero también de que Antonio Díaz no se llamaba así y ni siquiera era el hombre duro y temerario que parecía. Su apariencia de bravo soldado no era en realidad sino una máscara y tras ella se ocultaba en realidad una mujer: su hermana, Catalina de Erauso, a quién él no veía desde que ella tenía dos años de edad y de la que no sabía sino que, habiendo sido ingresada en un convento de monjas a los cinco años, se fugó del mismo cuando tenía quince, justo antes de tomar votos, sin que nadie hubiera sido capaz de dar razón de su paradero desde entonces.

La vida de la Monja Alférez es quizá la más estrafalaria y exagerada de cuantas ha dado la historia del descubrimiento y conquista del Nuevo Mundo. El traductor de sus memorias al francés, el poeta cubano José María de Heredia, dijo que la suya fue «una vida exasperada». Y la académica francesa Florence Delay ha señalado el punto de origen de esa exasperación: la tendencia de Catalina de Erauso a tomar las más extraordinarias decisiones «sin más causa que su gusto». Ella decidió vivir la vida al dictado de su gusto, de sus deseos, de sus impulsos, y lo hizo con una determinación que, en su época, nadie esperaba de una mujer.

Ciertamente, el aspecto de Catalina de Erauso podía llamar a equívoco. Un viajero italiano, que la vio en Roma en el verano de 1626, cuando su fama la había convertido en una leyenda viviente, la describió así: «Grande y de aspecto fuerte, tenía una apariencia más bien masculina y su pecho no abultaba más que el de una niña.» Con el pelo corto y vestida de varón, bien podría tenérsela por hombre. Pero, sobre todo, fue su mejor disfraz el atreverse a ser todo aquello que resultaba impensable que fuera una mujer: fuerte, violenta, militar, altanera, jugadora y pendenciera. No había afrenta, por leve que ésta fuera, que dejara impune. La sumisión era un sentimiento que desconocía. La libertad era su bandera y, de entre todas las libertades, la de correr mundo sin tasa ni miedo era la que presidía su vida.

¿Qué mujer podía ser así, vistiera como vistiera? Ninguna, a los ojos de su época. Quizá por eso nadie llegó a reconocerla. Como si de una comedia de enredo se tratase, a los siete meses de escapar del convento de San Sebastián el Antiguo, en el que se hallaba recluida desde niña, al cuidado de su tía, que era priora del mismo, fue a toparse con su mismísimo padre, el capitán Erauso. Ella se había hecho pasar por un muchacho y tomado el nombre de Antonio, y servía como paje en casa del secretario del rey, don Juan de Idíaquez, en la ciudad de Valladolid. Como tal paje hubo de acompañar a su padre, que a la sazón resultó ser amigo del secretario, mientras esperaba ser recibido. Se miraron en silencio y el capitán no vio ante sí más que a un mozo robusto sin que pudiera pasársele por la imaginación que se tratara en realidad de su propia hija, la misma cuya búsqueda había emprendido y por cuya causa se hallaba en la casa del secretario del rey, dispuesto a solicitar ayuda en sus pesquisas.

Por supuesto, Catalina abandonó la casa al día siguiente, temerosa de ser descubierta, y comenzó así su peregrinar por tierras de España, que la llevó hasta Sevilla y Sanlúcar, después de pasar de nuevo por San Sebastián, por Bilbao y por Estella. Y el Lunes Santo del año 1603 se embarcó al fin en la armada de don Luis Fajardo, rumbo a América, como grumete a las órdenes del capitán Miguel de Echazarreta.

Una de las constantes de su azarosa vida en el Nuevo Mundo fue precisamente la de haber encontrado siempre auxilio y apoyo en aquellos soldados que, como ella, eran originarios del País Vasco. A veces con maneras casi de secta, bastaba invocar su origen guipuzcoano para despertar la simpatía y la solidaridad de los vascos que buscaban fortuna allende los mares, tal como le había sucedido con el capitán Echazarreta.

El recorrido de la Monja Alférez por tierras americanas es tan portentoso como lo fueron sus hechos de armas. De Cartagena de Indias a Nombre de Dios, de allí a Panamá, y después Trujillo, Paita, Saña, la Concepción de Chile, Charcas, Lima, Piscobamba, Tucumán, Potosí, Cochabamba, La Paz y La Plata... De Centroamérica hasta la actual República Argentina, pasando por Colombia, Perú, Chile y Bolivia, anduvo medio continente. Y, como en los versos del *Tenorio*, en todas partes dejó memoria amarga de sí, pues la terrible muerte de su hermano no fue ni la única ni la primera que fue dejando a su paso.

Ya a los dieciocho años de edad, en la ciudad de Trujillo, había matado a su primer hombre. Muertos en batalla aparte, a lo largo de su vida acabó, que se sepa, al menos con la de otros ocho, la mayor parte en duelos motivados por disputas de juego, pasión esta a la que era muy dada. Y en dos ocasiones estuvo condenada a muerte, aunque paradójicamente en ambas las acusaciones fueran infundadas, logrando escapar de tan ingrato destino milagrosamente. La primera vez, gracias a la intercesión de un vizcaíno que logró que el proceso fuera revisado. La segunda, mediante un ardid sorprendente. Estando en trance de tomar la comunión antes de ser ejecutada, se sacó la hostia de la boca y tomándola en la mano comenzó a gritar:

—¡Me acojo a la Iglesia!¡Me acojo a la Iglesia! —Para desconcierto de sus verdugos que contemplaban aterrados la profanación de la sagrada forma.

Fue tal el alboroto que acudieron al lugar el gobernador en persona y el obispo de La Paz. Las autoridades y una creciente muchedumbre, reunida al saberse la noticia de tan sigular fórmula para acogerse al amparo eclesial, acompañaron al alférez Antonio hasta el tabernáculo de la iglesia donde éste depositó la hostia. Durante un mes, el astuto recluso permaneció encerrado en la iglesia, hasta que con la ayuda de un religioso logró escapar en dirección a la ciudad de Cuzco.

En la paradójica vida de Catalina de Erauso hubo tiempo para todo. Para matar y para ser herida (su cuerpo presentaba numerosas cicatrices de flechazos y cortes de daga); para ser perseguida por la justicia y para impartirla (fue encargada por la Audiencia de La Plata para perseguir delincuentes en busca y captura y en 1618 apresó e hizo colgar a uno de ellos en Piscobamba); para batallar a caballo en el valle de Puren, contra los indios, y en barco contra los holandeses ante el puerto del Callao, donde naufragó y fue hecha prisionera durante algunos días; para jurar como un bellaco en pleno combate e incluso para llorar, aunque ella misma confesara que la primera vez que lo hizo fue cuando contaba veintiocho años de edad y se sentía morir de frío en los Andes... También hubo tiempo para el amor, aunque el suyo fue, por supuesto, algo inhabitual.

Empeñada en ser hombre y seguir una carrera militar, como habían hecho su padre y su hermano, pronto se sintió atraída por las mujeres, muchas de las cuales no la miraban con malos ojos. Disputó amante a su propio hermano, intercambió caricias con la cuñada de uno de sus protectores, recibió propuesta de matrimonio de la amante de otro, con el fin de dar una fachada de normalidad a los amoríos que su patrón mantenía con ella, a lo que se negó, como se negó igualmente, algunos años después, a desposar a la hija de una granjera que la acogió tras encontrarla desfallecida por el esfuerzo de haber tenido que atravesar a pie los Andes, huyendo de la justicia una vez más. Y su negativa, según confesó en sus memorias la propia Catalina, fue no tanto por ser ella misma mujer, cosa que no parecía inquietarle en demasía y que por supuesto los demás ignoraban, sino porque la muchacha en cuestión «era muy negra y fea como un diablo, muy al contrario de mi gusto que se ha inclinado siempre por los rostros hermosos». Su viril disposición hacia las mujeres le llevó incluso a acciones más propias de un caballero andante que de una novicia, como fue proteger a doña María Davalos, esposa del caballero Pedro de Chavarría, a quien su marido quería dar muerte por haberla sorprendido en amores con el sobrino del obispo. El alférez Antonio acudió en socorro de la dama en apuros, que gritaba como loca desde la ventana de su casa, y huyó con ella hasta La Plata, a fin de ponerla a salvo en la casa de su familia, viéndose obligado a luchar en el camino con los sirvientes del marido ofendido e incluso a batirse con éste.

La enumeración de las andanzas de la Monja Alférez ha subyugado a escritores y eruditos desde el mismo momento en que se supo de su condición de mujer. Condición que terminó por confesar al obispo de Guamanga, a cuyo palacio fue a parar gravemente herida tras una nueva refriega iniciada en una casa de juego. Sintiéndose al borde la muerte, Catalina reveló su verdadera identidad al incrédulo obispo, que hizo venir a dos matronas para que testimoniaran la veracidad de lo dicho.

Pero la Monja Alférez salvó la vida, esa vida a la que su cuerpo parecía agarrarse con tanta ferocidad como empleaba en despabilar la de otros. Y la noticia de su historia cundió por la ciudad, primero, y por el virreinato del Perú entero, después, como reguero de pólvora.

Durante veintidós años había vivido como un hombre y no como uno cualquiera sino como auténtico exponente de temeridad y bravura militar, como duelista imbatible y compañero de fiar. Ahora regresaba a la vida conventual de la que había escapado de adolescente. Durante dos años y medio habitó en un convento de Lima, asediada esta vez por la curiosidad de los vecinos, y en el año 1624 embarcó en Cartagena de Indias, de regreso a España, aunque, genio y figura, no pudo evitar sumarse a una partida de dados con la tripulación del galeón que la llevaba, partida que estuvo a punto de terminar en nueva pelea, por lo que se la transfirió a otro navío, a fin de calmar los ánimos.

En España le esperaba también la curiosidad, al principio, y después la libertad, una vez que quedó claro que, pese a su apodo, no había llegado a hacer los votos de monja y por lo tanto no estaba sometida al régimen conventual.

Catalina emprendió viaje a Barcelona, fue asaltada y robada en el camino, cosa que aprovechó para volver a vestir ropa de hombre. Allí obtuvo unos dineros del rey a cambio de sus servicios como alférez. Continuó viaje a Génova, donde se batió con un italiano que había insultado a los españoles en su presencia y llegó finalmente hasta la mismísima Roma, donde fue recibida por el papa Urbano VIII, quien escuchó maravillado su historia y la autorizó a vestir ropa de hombre el resto de su vida.

De ese modo, Catalina de Erauso se convirtió definitivamente en Antonio de Erauso y como tal se instaló en México, de regreso al continente de sus aventuras, en el año 1645, cerca de Veracruz. La fecha de su muerte es incierta, poco se sabe de su final, salvo que regentaba un negocio de transporte de mulas y que, tal y como señalaron las matronas que la inspeccionaron en su día, seguía siendo virgen.

En una época que alumbraba un mundo nuevo, ella se atrevió a ser lo que pocas mujeres se atrevían siquiera a soñar: dueña de su destino. Hubo en América otras mujeres valerosas, como Inés Suárez, la amante de Pedro de Valdivia que no dudó en capitanear a sus hombres contra los indios, y también algunas otras que vivieron vidas de hombre, como María Leocadia Álvarez, de quien da cuenta Ricardo Palma, en sus *Tradiciones peruanas*, que al modo de Catalina abandonó el convento para hacerse llamar Antonio Ita y vivir durante cinco años en matrimonio con una mestiza de vida pecaminosa llamada Martina Bilbao, la cual acabó denunciándola a la justicia por impostora. Pero en Catalina se dio esa rara conjunción de enmascaramiento y arrojo que hicieron que su alma y su vida, como señala José María de Heredia, «fueran las de un hombre de acción».

# Los artistas

## Entre la espada y la pluma

A las dos de la madrugada del día 28 de diciembre de 1897, una muchedumbre enfervorizada abandonaba al fin la abarrotada sala del teatro de la Porte-Saint-Martin de París, el escenario donde habían triunfado antes Victor Hugo y Alejandro Dumas. Los espectadores salían a la noche parisina alborozados, después de haberse negado, durante más de dos horas, a dejar de aplaudir y a poner fin a la apoteosis de entusiasmo que había despertado en ellos la obra a cuyo estreno acababan de asistir. ¡Cuarenta y dos veces habían hecho salir a saludar al escenario al elenco de actores, encabezado por el famoso Coquelin!

La pieza teatral se titulaba *Cyrano de Bergerac* y su joven autor, el marsellés Edmond Rostand, todavía no había cumplido los treinta años de edad. Aunque había estrenado ya otras tres obras, auspiciadas por su amiga la célebre actriz Sarah Bernhardt, estaba muy lejos hasta aquel momento de ser un autor popular. Pero en la Francia convulsionada por la polémica del asunto Dreyfus, que enfrentaba a los defensores del militar judío acusado injustamente de traición y a los antisemitas defensores de la razón de Estado que abogaban por mantenerlo en prisión, aquella nueva obra teatral llena de abnegación, heroísmo y grandeza propiciaba la reconciliación del público con su ciudadanía francesa.

Hijo de poeta, sobrino de músico y esposo de una poetisa, Rostand había pugnado vanamente por hacerse un lugar en las letras francesas hasta que una noche coincidió con el actor Coquelin en casa de su común amiga, la diva Bernhardt. Constantin Coquelin, que ya contaba cincuenta y seis años, acababa de dejar la Comédie Française y buscaba desesperadamente un papel con el que cerrar su dilatada carrera teatral, un último triunfo. El joven Rostand, que aún no había conseguido su primero, le habló de una obsesión, una idea en la que estaba trabajando, la llave mágica de la literatura, ya sea novela o teatro: un personaje, un espadachín poeta y enamorado, dolorosamente feo, empujado a ser protagonista de lances de espada y mera sombra de los lances de amor ajenos.

Coquelin vio en el personaje de Cyrano la oportunidad que ansiaba y animó a Rostand a terminar de escribir la obra. Más aún, se instaló en la casa que el escritor tenía en el número 2 de la rue Fortuny, en París, para supervisar su trabajo y asegurarse de paso que el papel de Cyrano, su papel, estuviera a la altura de sus expectativas. Y lo estuvo sobradamente.

Diez días después del estreno, el propio presidente de la República Francesa, Elie Faure, acudía al teatro para entregar la Legión de Honor a Rostand durante el entreacto. Y desde entonces, su personaje ha entrado en el reducido Olimpo literario donde habitan las criaturas de ficción que han terminado por convertirse en referencias universales de los tipos humanos, como don Quijote, don Juan u Otelo. Sólo que Cyrano de Bergerac es más que un personaje de ficción porque fue también un hombre de carne y hueso. La innegable inspiración de Rostand, su capacidad para ofrecer un espectáculo lleno de romanticismo y pasión en plena era del racionalismo y del naturalismo literario, había bebido en la verdadera historia del hombre que dio nombre a su personaje.

Savinien de Cyrano de Bergerac había nacido en París el año de 1619 pero, pese a su pomposo nombre, la suya no fue una familia aristocrática. Las posesiones de su padre en Bergerac fueron adquiridas en realidad tiempo después de su nacimiento con el propósito de ennoblecer su condición de acaudalado propietario de un negocio de pescadería. Una primera falsedad, muy a tenor con los tiempos barrocos que le tocó vivir, de las muchas que habrían de enmascarar la figura de Cyrano tanto en vida como después de muerto.

Cyrano, parrandero, jugador y pendenciero, vivió una primera juventud acorde con su carácter y con los dineros de su familia, hasta que su padre vino a poner coto a su despilfarro y hubo de buscarse la vida en el ejército. Como no le faltaban valor ni pericia, no tardó en convertirse en un arrojado soldado que pronto empezó a acumular heridas. La recibida en el sitio de Arrás, mientras luchaba contra las tropas españolas, fue la que le retiró definitivamente de la vida militar y le entregó al estudio y a la literatura.

A ello se puso con entusiasmo y aplicación y no tardó en convertirse en discípulo del filósofo y matemático Pierre Gassendi, con quien estudió el pensamiento de Epicuro; pero en su corazón las letras, como en el discurso del Quijote, seguían en disputa con las armas y, así, alternaba sus primeros pasos literarios con frecuentes duelos a espada, casi siempre a cuenta de su enorme y retorcida nariz, aún más desagradable desde que el tajo del golpe de espada recibido en Arrás había acentuado su deformidad.

La fealdad de su rostro se había convertido en un implacable tormento. Se sabía repulsivo y ridículo, lo que no le impidió llevar a cabo una vida libertina, de la que hizo gala y defensa en sus escritos, en la que tuvo cabida también la homosexualidad (al igual que había sucedido antes con otro afamado poeta, Theóphile de Viau, con quien Cyrano tuvo en común tanto su desenfrenada vida como su espíritu provocador), y se saldó con una temprana sífilis. En todo caso, Cyrano no estaba dispuesto a aceptar con resignación que ridiculizaran su estampa, a la que por cierto debía más fama que a los frutos de su pluma. Su obsesiva defensa del honor de su apéndice nasal le llevó a matar a un mono titiritero, llamado *Fagotin*, que era propiedad de Brioche, un saltimbanqui muy renombrado en el París de la época. La desafortunada idea de Brioche de disfrazar a su mono con una descomunal nariz le costó al primate habérselas con el acero de quien se había tomado la chirigota como una clara alusión a su persona.

Sin embargo, el carácter del verdadero Cyrano de Bergerac estuvo muy lejos del espíritu sublime que encarna el personaje de Rostand. Es cierto que fue hombre tan valiente como para luchar contra cien adversarios y que hizo esto por causa del amor, aunque no fuera el suyo sino el que profesaba su amigo Lignières a una dama casada a la que había querido mostrar elocuentemente su pasión bebiendo del agua de una pila bendita en la que ella había mojado los dedos para persignarse. Fue el indignado marido quien envió a la tropa vengativa que Cyrano puso en fuga. Pero las maneras del escritor eran antes osadas que románticas, y su independencia y desprecio por los poderosos no le impidieron a la postre ponerse al servicio del duque de Arpajon, a quien dedicó versos cortesanos, y del influyente cardenal Mazarino. Cyrano encarnó al aventurero, altanero y estrafalario soldado del siglo XVII: temerario y oportunista. Un tipo de soldado que protagonizó feroces guerras como la de los Treinta Años y que, en España, produjo la llamativa figura, mitad delincuente mitad héroe, del capitán Alonso de Contreras, uno de los pocos militares españoles de la época que dejó escrito un libro de memorias y al que, en signo de amistad, Lope de Vega dedicó una de sus obras teatrales.

Entregado por entero a la escritura a partir de 1645, cuando contaba veintiséis años de edad, Cyrano escribió dos obras teatrales, *La muerte de Agripina* y la comedia *El pedante burlado*. Con ellas no consiguió la ansiada gloria pero sí el escándalo, pues el día del estreno de la primera se levantó un gran revuelo en París a causa de una frase abiertamente blasfema que contenía. Siempre había sido hombre de disputas y nunca le faltaron enemigos. Y así, al año siguiente del estreno de su comedia, una viga caída no se sabe si de forma accidental o premeditada, que de todo se dijo en su día, vino a romperle la crisma en plena calle y le produjo la muerte el día 28 de julio de 1655.

Falleció en el convento de Filles-de-la-Croix en el que estaba ingresada su prima Madelaine Robinau, la inspiradora del personaje de Roxana en la obra de Rostand. Madelaine era efectivamente una mujer hermosa y había estado casada con el barón Christophe de Neuvillette, quien encontró la muerte en el fatídico cerco de Arrás.

Al poco de morir Cyrano, sus amigos hicieron imprimir sus dos obras más originales: *Historia cómica de los estados e imperios de la Luna* e *Historia cómica de los estados e imperios del Sol*. Dos utopías en las que Cyrano, amparándose en la capa de la fantasía y el humor —el viajero se elevaba hasta la bóveda celeste gracias a un cinturón hecho con frascos llenos de rocío—, dirigía la estocada de sus ideas librepensadoras y ateas contra el mundo en el que tanto se había esforzado por medrar. Y lo hacía mediante una sátira política y social en la que su viajero utópico no tardaba en descubrir que, en la Luna, los filósofos podían hablar sin trabas y los ciudadanos disfrutar libremente de los placeres y guiarse por ideas materialistas en vez de religiosas.

Más fiel a la grandeza de sus sueños que a las flaquezas de su carácter, Rostand supo construir un Cyrano que no ha dejado de seducir a los espectadores del mundo entero desde el día de su estreno y que ha sido encarnado, tanto en cine como en teatro, por prestigiosos actores como Charles Boyer, José Ferrer, Jean Marais o Gerard Depardieu. De hecho, el acierto de Rostand fue tal que ya nunca pudo librarse del mito que acababa de acuñar. Escribió otras tres obras de teatro, pero ninguna repitió el éxito de *Cyrano de Bergerac*. La gloria parecía pertenecer más a su criatura que a él mismo y esa extraña rivalidad fue carcomiéndole hasta el extremo de afirmar: «Entre la sombra de Cyrano y las limitaciones de mi talento, no me queda más remedio que morir.» Y así fue, la gripe terminó con su vida en París el 2 de diciembre de 1918, a los cincuenta años de edad, mientras el mundo trataba de reponerse de los horrores de la primera Gran Guerra del siglo. Muchos años después, su viuda vendría a confirmar lo fundado de su queja al decir, también en el lecho de muerte, que siempre había vivido a la sombra de Cyrano de Bergerac: «Momentos hubo en que no sabía de quién era viuda, si de Edmond Rostand o de Cyrano.»

De creer en los versos de Torquato de Tasso, citados por Jesús Pardo en su prólogo a la obra de Rostand, en los cuales se afirma que «en la Luna está almacenado todo lo que se olvida o pierde en la Tierra», cabe imaginar que en los estados e imperios lunares han de habitar, rodeados de dicha y de laureles, estos dos autores a los que en la Tierra unió la fama sin que uno supiera disfrutarla ni el otro llegara nunca a saber que la tenía.

# La engañosa muerte

Cuando despuntó el alba del 23 de abril del año de 1616, el escritor Miguel de Cervantes yacía en el lecho que no había podido abandonar desde que, el día 2 de aquel mismo mes, se sintió tan indispuesto que hubo de renunciar a salir de sus habitaciones. Vivía en casa de un sacerdote amigo, Francisco Martínez, en la madrileña calle del León, a pocos metros del convento de Santa Ana y del convento de las monjas trinitarias.

A más de mil kilómetros de Madrid, entre los verdes prados ingleses que rodean al río Avon, el alba del 23 de abril del año de 1616 había sorprendido al actor y dramaturgo William Shakespeare sentado ante la chimenea de su casa, bebiendo cerveza tras una copiosa cena y conversando con su amigo y compañero de aventuras teatrales, Michael Drayton. Éste había llegado en compañía del también escritor Ben Jonson al caserón que Shakespeare había comprado en su pueblo natal. Hacía varias semanas que el autor de *Hamlet* se encontraba enfermo, pero había sacado fuerzas de flaqueza para agasajar a sus dos antiguos colegas cómicos, ahora que el teatro había pasado a formar parte del mundo de recuerdos de los años vividos en Londres. De aquellos años habían hablado animadamente los tres hasta que Ben Jonson tuvo que partir, poco antes de que clarease el día.

En el alba del 23 de abril del año de 1616, ambos escritores sabían que la muerte les rondaba, enmascarada de enfermedades sin nombre sobre las que hoy no podemos sino especular a partir de sus síntomas. Tan sólo cuatro días antes, Cervantes había terminado de escribir en el lecho el prólogo de su último libro, *Los traba-*

*jos de Persiles y Segismunda*, y en él daba cuenta de un reciente encuentro, durante un viaje, con uno de esos estudiantes peripatéticos tan frecuentes en su literatura y en su época, al que contó que padecía hidropesía. ¿Qué enfermedad se la producía? No se sabe.

También se desconoce a qué causas respondían las fiebres que venían consumiendo a Shakespeare desde el año anterior y que tanto habían debilitado su salud. Al parecer, algún vecino de Stratford-on-Avon había sufrido fiebres tifoideas, pero aún hoy se desconoce si tal fue el mal que aquejaba al escritor. En todo caso, el resultado final de aquellas enfermedades estaba claro. Así, el 23 de marzo, Shakespeare dictó testamento y lo hizo con todo detalle. Dejaba el grueso de su fortuna a su hija Susana y trescientas libras a su hija Judith. Repartía su cubertería de plata y sus joyas entre hermanos, sobrinos y demás parientes. Destinaba diez libras a los pobres de la parroquia y veintiocho chelines con ocho peniques a sus amigos Barbuge, Heminge y Condell. A su esposa, Anne Hathaway, sólo le dejaba «la cama y el ajuar», en lo que algunos de sus biógrafos han querido ver un irónico ajuste de cuentas final. Pero la verdad es que a ella ya le correspondía por ley un tercio de los bienes; y la palabra «cama», en el lenguaje legal de la época, significaba en realidad todo el mobiliario conyugal.

El 26 de marzo, por su parte, Cervantes había escrito una carta a su protector, don Bernardo de Sandoval y Rojas, arzobispo de Toledo, en la que le decía: «El mal que me aqueja al fin tanto arrecia que creo que acabará conmigo, aun cuando no con mi agradecimiento.» Sin embargo, poco tenía que repartir entre sus herederos Cervantes. Como si fueran en realidad metáfora del destino de los imperios inglés y español, los testamentos de ambos escritores reflejaban dos fortunas bien dispares.

De igual modo que la corona inglesa prosperaba imparable, la hacienda de Shakespeare era saneada y abundante. Por el contrario, a tenor de la decadencia imperial española, que vivía con Felipe III el inicio de su larga agonía, Cervantes no tenía siquiera casa propia. No le había sonreído la fortuna, pese a la fama de sus libros, y en los últimos siete años se había visto obligado a cambiar cuatro veces de domicilio en Madrid, siempre en el mismo barrio cercano a la calle del Príncipe. Por ello, el autor de *El Quijote* dejaba a su esposa, doña Catalina de Salazar, poco más que sus libros y escritos, y tan sólo mandaba que se rezasen dos misas por su alma.

Durante aquella primavera de 1616, ambos escritores se preparaban para morir con el mismo espíritu que Edgard, el personaje shakespereano de la obra *El rey Lear*, recomendaba a su padre, el ciego y atormentado conde de Gloucester: «Los hombres han de tener paciencia para salir de este mundo, tanto como para entrar: todo es estar maduros.» Y ambos escritores, con cincuenta y tres años el inglés y sesenta y nueve el español, parecían haber alcanzado ya aquella letal madurez.

Sus vidas habían estado marcadas por los deseos y las esperanzas de su tiempo. Pero en ellos se había producido una singular inversión de papeles. Mientras Shakespeare había sido actor de teatro y dramaturgo de éxito, Cervantes había hecho pocas incursiones en el mundo teatral y *Los baños de Argel* o sus *Entremeses* no representaban ni mucho menos el eje de su actividad creadora y estaban muy lejos de la fama que alcanzaban las piezas de otros autores, como Lope de Vega.

Pero, en el gran teatro del mundo, el español sí que había sido actor de su tiempo, por ejemplo como soldado en la batalla de Lepanto, en 1571, cuando recibió su célebre herida. Desde entonces había representado todo tipo de papeles. Primero como prisionero, pues el 20 de septiembre de 1575, de regreso a España, la galera *Sol* en que viajaba fue abordada frente a la costa gerundense de Cadaqués por piratas berberiscos. El nombre de uno de los jefes piratas, igual al del pintor que siglos después inmortalizaría aquellos parajes e ilustraría la obra del escritor, casi parece una broma del destino: Dalí Mamí *el Cojo*.

En Argel, donde fue conducido, Cervantes interpretó primero el papel de esclavo y, tras cinco años en los que intentó repetidas veces darse a la fuga, sin que su amo llegara nunca a castigarle por ello de la forma brutal que era costumbre, el de liberto. Le tocó también ser proveedor de la Armada Invencible, dedicado a la ingrata tarea de requisar por tierras andaluzas trigo, cebada y aceite. Y tuvo que repetir, aunque fugazmente, el papel de prisionero cuando fue encarcelado en 1592, acusado de vender trigo sin permiso. Desde 1605 encarnaba el papel de escritor popular y admirado, tras la publicación de la primera parte de *El Quijote*.

Por el contrario, el actor teatral Shakespeare había sido ante todo un espectador de las tragedias de su época. Instalado en Londres desde 1592, había visto la hambruna que, pese al esplendor imperial de la reina Isabel, consumía al pueblo londinense. Los motines de aquellos años hicieron incluso que cerraran temporalmente los teatros pues, al reclutar la mayor parte de su público entre la plebe, las autoridades temían que las representaciones desembocasen en algaradas.

Protegido por el conde de Southampton, Shakespeare había prosperado como empresario teatral en uno de los primeros teatros estables de Londres, el Globus, así llamado porque en el rótulo de entrada se veía el dibujo de un Hércules que sostenía el globo terráqueo. Esa misma amistad le permitió ser testigo, desde la proximidad, de las luchas por el poder en Inglaterra.

En el año 1601, el conde de Essex organizó un motín en Londres contra la reina, pero fue descubierto y encarcelado. El protector de Shakespeare, aliado del conde de Essex, también fue a dar con sus huesos en la cárcel. Pero en esta ocasión Shakespeare fue en cierto modo actor del drama al prestarse a representar aquellos días en el Globus, por sugerencia del conde de Southampton, su pieza *Ricardo III* en la que contaba el destronamiento de un rey tiránico. Cuatro años más tarde, Shakespeare asistiría al fracaso del llamado complot de la pólvora, cuando el católico Guy Fawkes fue descubierto en los sótanos del Parlamento de Londres con varios barriles de ese explosivo. Su intención era volar el edificio aprovechando la presencia en él de los diputados y del rey, el recién coronado monarca protestante Jacobo I.

Algunos de los más destacados frutos literarios de dos vidas tan paradójicas fueron, como era inevitable, paradójicos a su vez. Cervantes, el actor de la vida, víctima tantas veces, había opuesto a la crueldad del mundo el humor irónico y la grandeza de la locura de Don Quijote. Shakespeare, el espectador de la vida, testigo de abusos que no había tenido que sufrir en carne propia, había escrito *El rey Lear*, una obra maestra, oscura y pesimista, en la que la traición, la codicia y la vileza humanas destrozaban las vidas de sus protagonistas.

En sus últimos años, las vidas de Shakespeare y Cervantes continuaron sus cursos paralelos, aunque sus vivencias discurrieran muchas veces en sentidos inversos. Así, mientras Shakespeare no dudaba en utilizar obras de otros autores como base para la elaboración de las suyas, superando por cierto con creces a las que le servían de modelo tal como sucedió con *Cuento de invierno*, escrita en 1611 a partir de la obra *Pandosto*, de Robert Greene; Cervantes se vio desagradablemente sorprendido en 1614 por el plagio de *El Quijote* realizado por Avellaneda, una obra que estaba muy lejos de alcanzar la altura literaria del original y en la que, además, no sólo se le robaba el personaje sino que incluso se le insultaba en el prefacio, tildando su talento de «quejoso, murmurador, impaciente y colérico». Su respuesta fue la publicación de la deslumbrante segunda parte de *El Quijote*, verdadero fundamento de la novela moderna. Pero las semejanzas entre ambos autores han seguido manifestándose incluso después su muerte. Sus biógrafos y estudiosos atisban en los dos actitudes religiosas que no eran ortodoxas en sus respectivos países. En el caso de William Shakespeare se apunta su probable condición de papista, es decir, católico, lo que explicaría su apartamiento final de la vida londinense y la desaparición de toda su correspondencia; en el de Miguel de Cervantes, su posible descendencia de judíos conversos, reflejada en el comprensivo retrato que hace de éstos en su obra. Y sobre ambos se proyecta una misma sospecha de homosexualidad: por su condición de esclavo favorito en Argel, en el caso de Cervantes, y por sus íntimos vínculos con el conde de Southampton, en el de Shakespeare.

En todo caso, en el alba del 23 de abril del año de 1616 eran otras las sombras que se cernían sobre ellos. Cervantes había pedido cuatro días antes que se le diera la extremaunción y había escrito un último texto, dirigido a su otro protector, el conde de Lemos, en el que le decía: «El tiempo es breve, las ansias crecen, las esperanzas menguan y, con todo esto, no llevo la vida sobre el deseo que tengo de vivir.» Y, tras hablarle de los libros que tenía pendientes, añadía: «Si por buena ventura mía, que ya no sería ventura, sino milagro, me diera el Cielo vida, los verá y, con ellos, el fin de *La Galatea.*» Pero todos aquellos libros quedaron en mero deseo pues con la llegada del día su vida fue consumiéndose, mansamente, hasta que al fin entregó su alma.

La muerte también le llegó a Shakespeare con el alba del 23 de abril, sentado delante de la chimenea de su casa, y estuvo a punto de llevarse asimismo a su amigo Drayton. Los dos cayeron repentinamente presas de un acceso febril tan violento que el yerno de Shakespeare, el doctor Hall, hubo de acudir urgentemente para atenderlos. Después se achacaría maliciosamente tal colapso a la cantidad de bebida y de comida que habían consumido aquella noche, pero nada se sabe con certeza. Lo único cierto es que el doctor Hall logró revivir a Drayton pero no a su suegro, que quedó tendido en el suelo con los ojos abiertos y murmurando palabras incomprensibles, como si hablara con algún ser invisible, hasta que, poco a poco, la muerte le acogió en su seno.

El mundo, entre tanto, seguía su trágico curso sin que el fallecimiento de ambos escritores, maestros del arte de la palabra en sus respectivas lenguas, viniera a alterar un ápice la implacable lógica de intolerancia y codicia que lo regía. En Stratford-on-Avon, sus gobernantes puritanos decidían prohibir toda representación teatral e incluso el paso de las compañías de teatro por el pueblo. En Francia, el cardenal Richelieu, recién nombrado secretario de Estado para Asuntos Exteriores, había conspirado con los príncipes alemanes para evitar que la corona de Bohemia fuera a parar a manos españolas, cosa que acababa de lograr pues Felipe III renunciaba a ella. Una victoria diplomática en la escalada de tensión que conduciría, poco más de un año después, a la devastadora guerra que asolaría Europa durante treinta años. Y en los dominios italianos, el estudioso Galileo se debatía entre su afán de conocimiento y la seria advertencia que el papa Paulo V le había hecho, dos meses atrás, para que renegase de las tesis copernicanas que afirmaban que la Tierra no era el centro del universo sino un planeta más que giraba en torno al Sol.

Cervantes fue enterrado en el convento de las monjas trinitarias de Madrid. Shakespeare en el coro de la iglesia de la Trinidad, en Stratford-on-Avon. Ambos, parejos en talento, habían recorrido vidas tan paralelas que fallecieron el mismo día, pero... ¿fue realmente así? Porque, como bien podría haber dicho alguno de sus personajes, todo es apariencia en la vida, incluso la muerte.

Cervantes murió el sábado 23 de abril de 1616. Shakespeare, el martes 23 de abril de 1616. Un día fatídico que en realidad fueron dos. Inglaterra, ya entonces, se medía por reglas distintas que España y mientras aquí regía el calendario gregoriano allí lo hacía aún el juliano. De tal modo que el 23 de abril de 1616 inglés se correspondía en realidad con el 3 de mayo de 1616 español. Cervantes y Shakespeare habían vivido sin conocerse, pero los cómputos de los hombres, con una sabiduría inconsciente, les hermanaron en la muerte.

# Jazz a tumba abierta

Era sábado y hacía cuatro días que se había detenido en el neoyorquino hotel Stanhope para visitar a la baronesa Pannonica de Koeningswarter, camino de Boston. Se encontraba mal. Un incendio en su estómago se lo recordaba a cada instante y lo llevaba escrito en el rostro.

—Tú estás enfermo —había concluido la baronesa nada más verle, y el médico que ésta había hecho venir lo había confirmado. Pero Charlie Parker se negaba a ingresar en un hospital. Sólo hablaba del contrato que tenía para tocar en Boston.

En un aparte, el doctor Freymann insistió a la baronesa: «Me veo obligado a advertirla que este hombre puede morir en cualquier momento. Tiene cirrosis muy avanzada y úlceras de estómago. No debe salir de aquí si no es en una ambulancia.»

Pero Charlie Parker no quería ni oír hablar de ambulancias. Durante aquellos días no había probado alcohol ni se había pinchado heroína. Las inyecciones de glucosa y de vitaminas, junto con los vasos de agua fría, habían detenido los vómitos de sangre y algo parecido a la paz se apoderaba de su cuerpo.

Aquel sábado, 12 de marzo de 1955, la baronesa le había instalado un cómodo butacón frente al televisor para que se entretuviera viendo un programa de variedades. La emisión empezó con el número de un prestidigitador. A Charlie Parker le gustaban las actuaciones de vodevil, no en vano su padre había sido bailarín y cantante antes de abandonarles para extraviarse en la noche americana y terminar acuchillado por una prostituta. Es más, el número que el prestidigitador ejecutaba ahora en la pantalla, con varios ladrillos que volaban por los aires, lo había visto él de niño en su Kansas City natal. Era un número divertido, tanto que tampoco ahora pudo evitar romper a reír frente al televisor. Pero con la risa algo se rompió también en su interior. La carcajada desató un dolor que le dobló sobre sí mismo y se convirtió en un ataque de tos que manchó de sangre la manta que le cubría.

La baronesa corrió al teléfono para pedir ayuda y apagó el televisor. Cuando el doctor Freymann llegó, tan sólo pudo certificar su fallecimiento. ¿Las causas? Un complejo cóctel: úlceras de estómago, neumonía, cirrosis hepática y un posible infarto. Pese a su amistad, la baronesa ignoraba qué edad tenía Charlie Parker, así que el doctor, basándose en su apariencia externa y en su condición física, escribió en el informe una edad aproximada entre los cincuenta y sesenta años.

Ciertamente, había muerto un genio conocido por sus admiradores como Bird o Yardbird, el rey indiscutible del saxo, el hombre que había revolucionado la música de jazz. Y la muerte le había llegado de forma legendaria: cuando la baronesa apagó el televisor, a la espera del médico, un trueno espantoso hizo temblar los cristales del apartamento, tal como se contaba que había sucedido, ciento veintiocho años antes, cuando Beethoven expiró su último aliento. Pero Charlie Parker sólo tenía treinta y cuatro años de edad al morir.

Charlie *Bird* Parker había iniciado su vuelo musical en la reserva jazzística de Estados Unidos: Kansas City. Convertida en refugio de juerguistas, hampones y jugadores durante los años de la Ley Seca, gracias a la corrupción generalizada que caracterizó al mandato del dirigente del Partido Demócrata Tom Pendergast, sus noches ofrecían a principios de los años treinta cuanto un noctámbulo aventurero pudiera buscar: prostitutas, cocaína, alcohol... y jazz.

«Había más música en Kansas City que la que se había oído en todo Estados Unidos desde que cerraron sus puertas al comienzo de la Primera Guerra Mundial los grandes salones dorados y clandestinos del barrio hispánico de Nueva Orleans», ha escrito Ross Russell, que fue productor musical y biógrafo de Charlie Parker.

La desaparición de su padre y el empleo nocturno de su madre, que limpiaba los locales de la Compañía de Telégrafos desde medianoche hasta las ocho de la mañana, permitieron que el jovencito Charlie Parker, desengañado de la pésima enseñanza del instituto para negros y obsesionado por la música, se adentrara a los catorce años en el laberinto de las noches de jazz en torno de los garitos de Kansas City.

Los primeros pasos del polluelo en el corral musical de la ciudad se encaminaron a la calle, pues ni su aspecto, pese a que era fornido y aparentaba más edad, ni su escasísimo dinero le permitían entrar aún en el Club Sunset o en el Club Reno, cuyos carteles anunciaban los nombres de reputados músicos que estaban llamados a convertirse en leyendas del jazz, como Count Basie y su orquesta o el saxofonista Lester Young. Los duelos de virtuosismo y energía que este último mantenía en el escenario con otros destacados saxofonistas eran la comidilla de la ciudad. Verdaderos manjares que de momento estaban fuera de su alcance.

Fue precisamente en la calle donde Charlie Parker formó su primer grupo musical, si tal nombre puede darse a un estrambótico grupo que estaba más cerca de la mendicidad que de la música. Había trabado amistad con un vagabundo manco, que ofrecía sus habilidades con los pies apostado en una esquina. Le gustaba quedarse a su lado, sacaba el viejo saxo que su madre le había regalado con el poco dinero que había conseguido ahorrar, e interpretaba algún blues, que el manco acompañaba marcando el ritmo con dos cucharas de latón que sus habilidosísimos pies manejaban con desconcertante seguridad. El grupo se completó cuando el dúo se convirtió en trío con la incorporación de un chatarrero grandullón, vestido siempre con ropa que parecía arrancada de las garras de un tigre, cuyo apelativo cariñoso era Old Man Virgil y que era capaz de extraer sonidos de un inverosímil contrabajo hecho con el palo de una escoba.

Salvo la amistad, poco podía sacar Charlie Parker de semejante compañía, así que alternaba los blues de la mendicidad con charlas en los aparcamientos de los clubes de jazz. Allí solían salir los músicos, para descansar un rato o para fumarse un pitillo de marihuana. Cuando terminaban sus respectivos espectáculos, se reunían todos en alguno de los clubes y se lanzaban a larguísimas *jam sessions* en las que cada cual pugnaba por desarrollar sus ideas en las improvisaciones, rodeados de chicas, alcohol y canutos.

En el aparcamiento trasero del Club Reno había un carromato que vendía comida durante toda la noche. Era, cómo no, una concesión del cacique local; si Pendergast era dueño de la policía, la mafia y algunos de los clubes locales, ¿por qué iba a serlo también de aquel puesto que vendía emparedados de sesos o de pies de cerdo? A Charlie Parker, cuyo buen apetito llegó a ser casi tan legendario como su maestría con el saxo, aquellos emparedados le volvían loco. En especial los de pollo. Y de aquella afición le vino el alias de Bird o Yardbird, que designa precisamente a un ave de corral. Sólo su talento musical terminaría dando a su sobrenombre dimensiones menos prosaicas.

A las pocas semanas, el chico Parker logró empezar a colarse en las *jam sessions* y se dedicó a estudiar en la distancia el modo en que tocaban sus ídolos, en particular Lester Young. Cuando se creyó por fin preparado, subió al escenario del High Hat Club, durante una *jam session*, e hizo el mayor ridículo de su vida: era incapaz de conseguir que su viejo saxo realizara aquello que su cabeza le sugería. No pudo concluir su solo y salió corriendo del local, con lágrimas en los ojos. Sólo tenía catorce años y durante tres meses no se atrevió a coger el saxo.

Después de aquella experiencia, emprendió un camino de aprendizaje autodidacta en busca de la manera de poder hacer realidad la música que le rondaba la cabeza y cuyo sonido era aún inédito para el mundo. Dos años después, volvió a fracasar en su segunda *jam session*, esta vez en el Club Reno, pero ya no hubo lágrimas, sólo una mayor terquedad. «Ahora se están riendo de mí, pero volveré», masculló al salir del local. Y lo cumplió.

Durante 1937 y 1938, Charlie Parker hizo de todo para salir adelante, incluso temeridades. Robó una pieza para su saxo y su amigo Old Man Virgil, desde la sabiduría escarmentada de las moliendas de la vida, le dio las cuatro reglas esenciales para poder manejarse en la existencia: «La primera regla es: no robes nunca. ¡Podrías pasarte dos años en un reformatorio del Estado por una cosa así! La segunda es: no te metas con la gente. Si no puedes decir nada bueno de alguien, no digas nada. La tercera es: aprende toda la música que puedas. La gente de color no tenemos demasiadas puertas abiertas pero, con la música, nuestra gente consigue abrirse su propio camino. Y la cuarta es: consíguete una buena mujer y pégate a ella.»

El joven Parker hizo caso de todas las reglas en la medida en que su carácter se lo permitió. Era amable con la gente, pero su gusto por los bromazos le valió algún enemigo. Se buscó una chica, pero lo hizo demasiado pronto: se casó a los quince años con una muchacha de diecinueve con la que tuvo un hijo. La cosa no duró, como no duraron otras relaciones salvo la que años después mantendría intermitentemente con Chan Richardson. Aprendió musicalmente de todos y de todo: de otros saxofonistas, de las primeras orquestas con que tocó, de la tediosa orquesta de baile en la que sólo interpretaba temas de un minuto de duración, y del pianista Art Tatum, a quien veía actuar en el restaurante donde, durante tres meses, él estuvo trabajando en la limpieza de la cocina. No volvió a robar, pero a Old Man Virgil se le olvidó darle una quinta regla: no caer en las drogas. Y la caída del pájaro del jazz fue tan brutal como espléndido su vuelo.

Desde los tiempos de Kansas City, concluidos en 1939 con la detención del cacique Pendergast y el cierre de sus garitos, hasta su triunfo en Europa en 1949, Charlie Parker recorrió una doble escalera, cual si de un dibujo paradójico de Enscher se tratara: los mismos escalones que le ascendían hasta el Olimpo del jazz eran los que le arrojaban al infierno de la heroína.

En la escalera de subida, una vez que acabó de perfeccionar su estilo, Parker se convirtió en la máxima figura de la renovación de la música de jazz. Era el astro rey de un nuevo sonido, el bebop, rabiosamente individualista, provocador, indagador de nuevas tonalidades, vertiginoso en su ejecución. Un sonido que vivía también en la trompeta de Dizzy Gillespie, en el piano de Thelonious Monk, en el contrabajo de Charlie Mingus o en la batería de Kenny Clarke. Un sonido que mandaba al digno museo de la historia a las grandes orquestas de los años veinte y treinta. No era raro que la primera reacción de algunos músicos consagrados, como Louis Amstrong, fuera muy reticente: «Eso no tiene nada que ver con el jazz, eso es música china.» Pero hubo otros, como Duke Ellington, que se mostraron más receptivos: «La otra noche oí por radio a un tipo que hablaba de jazz moderno. Pero yo no escucho preocupado de si es o no jazz moderno. Escucho a individualistas como Charlie Parker.» El reconocimiento de la genialidad de Parker no sólo se extendió por Estados Unidos, donde cantantes como Sarah Vaughan o músicos como Miles Davis recibieron su influencia, sino que saltó al otro lado del océano Atlántico. Durante su viaje a Europa, conoció a Jean-Paul Sartre, quien entonces se hallaba en plena devoción por la música y por la literatura norteamericanas. Fue el también escritor y músico Boris Vian quien los presentó en medio del bullicio del parisino Club Germain. Charlie Parker estrechó la mano del existencialista y le largó: «Me alegro de conocerle, señor Sartre. Me gusta mucho cómo toca usted.» El filósofo clavó una mirada estrábica e inexpresiva en el rostro del *jazzman* y se separaron sin más.

En la otra escalera, los tropezones entrañaban mayores riesgos que la vanidad herida de una celebridad. Parker había pasado de la marihuana y la cocaína a la heroína. Su increíble resistencia física hacía que se recuperase de excesos que habrían acabado con cualquier otro. Su drogadicción nunca le impidió tocar, aunque en una ocasión, la noche del 29 de julio de 1946, llegó al estudio de grabación en un estado tan lamentable que su interpretación de la pieza que había que grabar, titulada *Lover Man*, discurrió de forma tan heterodoxa que bien puede decirse que estuvo al límite mismo del fiasco. Un último equilibrio entre el talento y la locura que esa misma noche se rompió dramáticamente. De regreso a su hotel, Parker prendió fuego a la habitación y salió corriendo desnudo mientras vociferaba por los pasillos del alarmado local. Se vio obligado a pasar siete meses en el hospital de Camarillo, pero aunque se le dio el alta su salud había quedado definitivamente afectada.

Huyendo de la heroína cayó en el alcohol como en una piscina. Su vida se adentró en un desorden creciente que volvió a ponerle al borde de la locura en 1954 cuando murió Pree, su hija de tres años fruto de su relación con Chan, su tercera mujer. De nada le valieron las sesiones de psicoterapia. La formidable resistencia de Charlie Parker se vino abajo y, un año después, fallecía en la casa de la baronesa Pannonica, prematuramente avejentado y con el fantasma de las drogas todavía rondándole. El pájaro de fuego del jazz se había consumido como una cegadora estrella. Durante años, él mismo temió que su talento se debiera en realidad al influjo de las drogas que le abrasaban. Una creencia, un culto al malditismo, que causó estragos en el mundo del jazz, como después lo haría en el del rock y como antes lo había hecho ya en el de la literatura. Las pocas y cortas grabaciones que quedan de Charlie Parker, pues en su tiempo sólo se podían grabar temas de poco más de tres minutos de duración, dan fe de que era precisamente en los momentos en que se libraba del influjo de las drogas en los que su talento brillaba con más intensidad. Aunque quizás el comentario que mejor lo ilustre sea el que lanzó, hastiado y entristecido, el gran contrabajista Charlie Mingus la noche del 5 de marzo de 1955, una semana antes de la muerte de Parker, cuando éste y el pianista Bud Powell, también alcoholizado, se enzarzaron en una pelea en el escenario y salieron precipitadamente del local en que estaban actuando los tres. Al verles partir, Mingus tomó el micrófono y le dijo al desconcertado público: «Damas y caballeros, les ruego que no me asocien con estos individuos. Esto no es jazz. Esta gente está enferma.»

## Mentiras heroicas

Hay un relato del escritor de ciencia-ficción Robert Silverberg que cuenta la historia de un hombre encerrado en un gigantesco laberinto, en un remoto planeta. La razón de su aislamiento es que posee el don de la transmisión telepática, pero se trata de una telepatía total, incontrolable: quien se acerca a él recibe la totalidad de sus pensamientos. Todos, desde los más intrascendentes a los más mezquinos, desde los sublimes a los abyectos. Absolutamente todos. El resultado es terrible, sus visitantes enloquecen, nadie puede soportar ese conocimiento: la verdad absoluta resulta insoportable.

Como si de un sol se tratara, la luz de la verdad, imprescindible para vivir dignamente, puede ser también fatal. De ahí quizás ese constante juego de verdades y mentiras en que se desarrolla la vida humana. De ahí también la necesaria y esclarecedora acción de la literatura que nos ayuda a contemplar la verdad de nosotros mismos a través del protector cristal de sus ficciones, de sus mentiras. Pero, ciertamente, es fácil perderse en la línea divisoria de verdades y mentiras, más aún cuando se escribe literatura. No siempre se tiene la lucidez del personaje de *Patagonia Express*, de Luis Sepúlveda, cuando afirma: «En esta tierra mentimos para ser felices. Pero ninguno de nosotros confunde la mentira con el engaño.» Y quizás el ejemplo más llamativo de que tal confusión es posible y, además, suele ser trágica, sea la vida de uno de los más célebres autores de novelas de aventuras, el escritor italiano Emilio Salgari.

En su libro titulado *Mis memorias*, Salgari comienza así la historia de su vida: «Nací en Verona, el 25 de septiembre de 1863, en una acomodada familia de Negrar-Valpolicella. Pero yo siempre he tenido la manía de haber nacido mucho tiempo antes. El Salgari que fue empujado a la más extraña vida aventurera nació seguramente antes.» Y en 1948, uno de los hijos de Salgari, Omar, narraba así el nacimiento de su padre en el cómic que publicó en esa fecha, titulado *Extraordinarias aventuras del capitán Salgari*: «A las doce de la noche del 21 de agosto de 1862, durante un violentísimo temporal, nace en la casa de los Salgari, en Verona, Luigi Salgari y Luigia Grandara, el pequeño Emilio. El acontecimiento es celebrado en familia, y una gitana, que se ha introducido en la casa venciendo la resistencia del señor Luigi, pronostica al niño un destino de gloria y poderío.» Como se ve, las fechas de nacimiento son distintas, pero ambas están rodeadas de circunstancias cuando menos anormales: la premonición de una vida preexistente y las adivinaciones de una gitana en medio de un temporal. La verdad es que en todo lo escrito en ambos casos, lo único cierto es el nombre de los padres y una de las fechas, la de 1862. El resto es mentira. Porque el libro *Mis memorias* no fue escrito por Salgari sino por el que fuera tutor de sus hijos, Lorenzo Chiosso, bastantes años después de la muerte del novelista, quien no sólo no fue nunca capitán sino que tampoco vivió una extraña vida aventurera. La leyenda del aventurero Emilio Salgari fue una invención iniciada por él mismo y continuada entusiastamente por su familia. En cuanto a la gitana, de haber existido y una vez sabido lo que predijo, tampoco ella atinó a dar con la verdad. Si acaso con media verdad, pues si Salgari conoció la gloria, al menos la que otorga un público numeroso y entregado, estuvo muy lejos de tener poderío alguno.

La verdad es que Emilio Salgari era un hombre bajito, apenas un metro cincuenta de estatura, hijo de una familia que tenía un negocio de tejidos y de la que no podía esperar ningún futuro de notoriedad. Fue un estudiante mediocre pero un lector empedernido que, al modo de Alonso de Quijano, vivía más en las páginas de los libros que en la realidad de una Italia que empezaba a dar sus primeros pasos como nación independiente. Veneraba a Julio Verne, sentía una rara fascinación por el mar y, según él mismo recordaba, «hablaba de los marineros como de la gente más audaz y robusta del mundo».

A los dieciséis años de edad, aquella admiración le llevó al Regio Instituto Técnico y Náutico Paolo Sarni, de Venecia, en el que se matriculó para formarse como capitán de gran cabotaje. Pero las desastrosas notas que obtuvo en el segundo curso le obligaron a abandonar los estudios. Un revés al que su entusiasmo decidió no prestar atención, de tal modo que durante toda su vida se proclamó capitán de barco e incluso, a causa del inexistente título, llegó a batirse en duelo con un periodista que le acusó de mentiroso. Por fortuna, el lance se saldó con una herida leve para el periodista y seis días de cárcel para el escritor.

Sus ansias de mar le llevaron finalmente a hacer un viaje en barco, seguramente en condición de turista, como señala Emilio Pascual en su apéndice a la edición española de *Los tigres de Mompracem*. Durante tres meses navegó por el Adriático a bordo del *Italia Una*, un velero de tres palos, rumbo a Brindisi. En sus falsas memorias, aquel viaje es el primero de una larga serie que le habría llevado hasta las costas malayas y hasta el mismísimo príncipe Sandokan, que sería pues un personaje real en cuya compañía habría vivido el autor aventuras sin nombre que después vertería en sus novelas. La verdad es que aquel primer viaje fue también el último. No hubo más. No hubo duelos en alta mar, ni tiburones rematados sobre cubierta, ni peleas con espías, ni abordajes de barcos, ni señoritas inglesas que rescatar, seducir y perder trágicamente.

Lo que la vida del Emilio Salgari que había nacido en 1862 le trajo al autor de las aventuras de Sandokan fue un duro y constante trabajo como escritor que se inició en las páginas de los periódicos *La Valigia* y *Nuova Arena*, en el año 1883. Cuatro años después publicaba su primer libro, *La favorita del Mahdi*, y en los tres años siguientes su mundo de afectos sufrió un verdadero cataclismo al perder a sus padres (su madre murió de meningitis y su padre se suicidó arrojándose por una ventana, un destino fatal pues, como señalan Arpino y Antonetto en su biografía de Salgari, éste fue «hijo de suicida» y «padre de suicidas»), pero también conoció a la que iba a ser la mujer de su vida: Ida Peruzzi.

El audaz y aventurero Emilio Salgari, que había nacido mucho antes del día en que lo hiciera el bajito autor de novelas, se lanzó a la conquista de la bella Ida, a la que cariñosamente llamaba Aida, describiéndole en sus cartas los portentos de su propio carácter: «Habiendo nacido en una noche de tormenta, habiendo vivido entre las tempestades de los océanos, donde el alma se torna salvaje, y entre las tempestades del periodismo, donde toda locura se convierte en deber, mi vida debía ser necesariamente tormentosa.»

De las tormentas evocadas, o más bien soñadas, no encontró Ida Peruzzi en su vida en común con Salgari más que los aguaceros de la necesidad, pues muy pronto la familia estuvo compuesta de cuatro hijos, una suegra y una asistenta, además del matrimonio, para cuya manutención el novelista debía escribir denodadamente. El éxito de sus novelas, que no tardaron en encontrar legiones de admiradores tanto dentro como fuera de Italia, hubiera prometido alcanzar a su autor una holgada economía si no fuera porque, desde el principio, fueron tantas sus necesidades que se vio obligado a trabajar para los editores no sobre un tanto por ciento de las ventas sino sobre cantidades previamente acordadas (siempre infinitamente inferiores de las que habrían resultado de un cómputo porcentual), de modo que la única manera de mantenerse a flote consistía en publicar el mayor número posible de textos por año. Fruto de tan angustiosa empresa fue el balance final de la obra de Salgari: ochenta novelas, cincuenta novelas cortas y un centenar de relatos, además de numerosos textos para niños. Dos fueron las consecuencias de semejante ritmo de trabajo. La primera, las carencias estilísticas de la propia obra, pues Salgari no tenía tiempo material para releer y corregir lo que escribía, y esa urgencia de escritura se reflejaba en la superficialidad de los retratos de los personajes y en numerosas deficiencias de redacción que nunca le fueron perdonadas por la crítica literaria. La segunda, el nacimiento en él de un profundo resentimiento hacia los editores que se aprovechaban tan descaradamente de su trabajo mientras le mantenían en una constante penuria.

Y sin embargo... ¿quién podría negar el empuje, el brío, la atracción que los relatos de Salgari ejercen sobre los lectores aún hoy? ¿Quién podría negar que las aventuras de Sandokan, del Corsario Negro o del león de Damasco son una de las grandes puertas por la que generaciones de lectores han entrado en el mundo de la literatura? Sin lugar a dudas, ese otro Salgari que Emilio Salgari llevaba dentro, el mentiroso empedernido que se empeñaba en ser capitán de barco y en haber navegado frente a las costas malayas, se proyectaba con toda la potencia de su formidable personalidad en las páginas de sus libros. Salgari quiso vivir lo que escribía, o quizá fuera más exacto decir que escribió aquello que hubiera deseado vivir. Es la diferencia que va de la frustración al sueño. Y su deseo fue tan intenso como para llevarle a intentar rehacer el cuento de su vida a golpe de mentiras heroicas.

Ya se ha señalado que su personaje de Sandokan vino a ser «el doble que él nunca pudo ser». Lo hizo alto, hermoso, de rasgos varoniles y protagonista de aventuras extraordinarias como pirata. Le dio al mejor de los amigos, el fiel Yáñez. Y una enamorada, la bella Marianna.

Quizá fuera en esto último en lo único en que el pequeño Salgari no tenía motivo de envidia ante su criatura imaginaria. Porque el amor que sintió por Ida Peruzzi fue una constante de su vida y bien puede decirse que de su muerte. Esa pasión por una mujer admirable está detrás de los muchos personajes femeninos que pueblan las novelas de Salgari, personajes que en ocasiones también escapan a las convenciones sociales sobre la figura femenina porque en sus novelas no hay sólo hermosas Mariannas o Fátimas, sino también mujeres que a su belleza unen determinación y valor a partes iguales, verdaderas heroínas que sacan a la mujer de su pasivo papel de diosa que adorar. De entre todas ellas, sobresale Leonor, la apasionada y valerosa duquesa que no duda en disfrazarse de hombre y convertirse en el prodigioso espadachín Capitán Tormenta, cuyas hazañas ocuparon algunas de las más trepidantes novelas de Salgari, con la guerra contra los turcos y la sitiada ciudad chipriota de Famaugusta como telón de fondo.

Algunos de los datos que aportan los biógrafos de Salgari ayudan a hacerse una idea del esfuerzo titánico que supuso la creación de aquel universo literario en el que había de todo: relatos de piratas, relatos del Far West, aventuras en las estepas o en la selva. «En los diez últimos años de su vida —señala Pascual—, Salgari escribió más de cuarenta novelas, se fumó más de trescientos mil cigarrillos y consumió unos cuantos metros cúbicos de vino; sólo así pudo mantener ese ritmo enfebrecido de trabajo, a costa de su salud y de sus nervios.»

Emilio Salgari se asía al cabo de su portentosa imaginación como única salvación ante los envites de la vida, pero ésta le reservaba todavía un golpe para el que él no tenía asidero posible: la locura de su esposa. Con los años, Ida Peruzzi empezó a sufrir un grave desequilibrio mental que terminó por hacer necesario su internamiento. Y la larga soga de penurias y esfuerzos de todos aquellos años vino a cerrarse con un nudo mortal: la falta de dinero impidió que pudiera ingresarla en un sanatorio y acabó recluida en un manicomio. Ida Peruzzi, a ojos de Salgari, estaba muerta en vida.

En 1883, en uno de sus primeros textos, la novela *El tigre de Malasia*, Salgari había contado una primera y trágica versión de la historia de su doble: Yenny, la amada de Sandokan, moría víctima de las fiebres, y la desesperación llevaba a éste al suicidio. En 1909, con Ida recluida en el manicomio, Emilio Salgari quiso emular el gesto de su personaje y se arrojó contra una cimitarra, pero no logró más que hacerse una herida superficial.

Sin embargo, el Salgari temerario y arrogante que había nacido en un tiempo fuera del tiempo, aquel que habitaba el cuerpo pequeño del Salgari que se había limitado a viajar entre Verona, Turín y Génova, se había apoderado ya del destino de su anfitrión y el 22 de abril de 1911 decidió consumar lo iniciado dos años atrás. Con plena conciencia de la importancia de cada gesto, escribió tres cartas y, tres días después, abandonó su casa con la excusa de tener que arreglar unos asuntos. Algo en sus palabras hizo que dos de sus hijos le siguieran hasta la calle, recelosos de su partida, pero él les ordenó que se fueran ya a la escuela y ellos le vieron tomar el tranvía, saludarles con el bastón y desaparecer de su vista y de sus vidas para siempre. En la mañana del día siguiente, su cuerpo sin vida era hallado entre los árboles de valle de San Martino, un paraje al que en otro tiempo solía acudir con su familia. Emilio Salgari se había realizado una suerte de espantoso *hara-kiri* con una vulgar navaja de afeitar.

Las tres cartas que aguardaban la lectura de quienes habrían de sobrevivirle resumían penosamente la tragedia de su vida. En una de ellas anunciaba a sus hijos que no podía dejarles más que una ridícula cantidad de dinero y les exhortaba a ser honrados y a ayudar a su madre. En otra, reprochaba a sus editores la explotación a que le habían sometido y les pedía que al menos se hicieran cargo de los gastos de su entierro. Y en una tercera, solicitaba a los directores de los periódicos de Turín que ayudaran a sus hijos y a su mujer. Mientras caminaba hacia su muerte, el fabulador Salgari parecía haber renunciado a las mentiras y, sin embargo, su trágico desenlace vino a ser el mayor de sus engaños.

La escritora cubana Karla Suárez, en una intensa novela que gira en torno a la mentira, *Silencios*, pone en boca de la joven protagonista un rebelde propósito, después de preguntarse qué papel se le tendrá asignado en la vida que empieza a vivir: «No lo sé, pero ya me inventaré una buena mentira para no representarlo.» Emilio Salgari no fue capaz de hacerlo en su muerte. Mintió y se mintió incansablemente a lo largo de toda su existencia para escapar de sí mismo y de una vida predestinada, y sólo consiguió engañarse en el último momento. Sus propias palabras, en la carta a sus hijos, resumen su desesperación final: «Soy un vencido. La locura de vuestra madre me ha destrozado el corazón y todas las energías.» Incapaz de vivir como el hijo del comerciante Luigi Salgari, decidía morir como el tigre de Mompracem, sin darse cuenta de que, a la postre, no hacía sino repetir los pasos de su padre, representando así el papel que le había asignado el destino.

# Los revolucionarios

## La bella y la revolución

En los primeros días de enero del año de 1835, la princesa de Chimay y condesa de Caramán apenas si podía levantarse de la cama. Hacía días que estaba recluida en sus habitaciones a causa de un mal de hígado que, durante catorce años, había ido consumiéndola poco a poco y cuyo rigor se anunciaba ya fatal. Afuera, bajo el frío invierno belga, tiritaban los hermosos jardines que rodeaban su palacio. Y, más allá, se alzaba la rumorosa fronda de los bosques de las Ardenas que cercaban el remanso de paz de su morada. La princesa tenía sesenta y dos años de edad, era una mujer gruesa, de buenas maneras y amante de las artes y de sus hijos quienes, de las más diversas edades, sumaban en total diez. Era una esposa fiel que llevaba treinta años casada con el príncipe, en feliz y placentera unión.

Sin embargo, pocos años antes de aquel frío enero, en una carta dirigida a un viejo amigo, la princesa de Chimay había escrito: «¡Qué novela mi vida! Ya no creo en ella... Hay días que me figuro que veo representar una comedia.» Y, remontando el curso de la memoria, evocaba: «Cuando yo estaba sobre la paja húmeda de los calabozos, veinticuatro horas antes de la guillotina, pensábamos también estar soñando, tanto nos cegaba la juventud acerca del horrible final. Pero el día siguiente fue el 9 de termidor, el día más bello de mi vida, puesto que fui yo misma, con mi pequeña mano, quien derribó la guillotina.»

Aquellas palabras llenas de muerte y de ecos revolucionarios, tan inapropiadas en las tranquilas estancias del Château de Chimay y tan inesperadas en la pluma de su señora, conjuraban sobre el papel el pasado de la princesa, el ya lejano tiempo en que ella vivía en Francia y en el que eran la pasión, la locura, la desmesura, la frivolidad y la violencia las fuerzas que regían su vida y la del país entero. Los turbulentos años del fin del siglo XVIII, los años de la Revolución Francesa.

El calabozo que evocaba en su carta estaba en la prisión parisina de La Force, y la trágica víspera de su anunciada ejecución era el día 26 de julio del año 1794: el día 8 del mes termidor del año II, según el calendario revolucionario. Entonces no era todavía princesa: en el calabozo donde aguardaba el guiño mortal de la guillotina sólo era la ciudadana Teresa Cabarrús. Y de nada le valía haber estado casada con el conde de Fontenay, de quien se había divorciado el año anterior, ni ser la hija del financiero y político reformista español Francisco Cabarrús. Ni siquiera la seductora belleza de sus veintiún años de edad, que tantos hombres había rendido a sus pies, parecía conmover el duro corazón de sus carceleros. Así describe el historiador Miguel S. Oliver su padecimiento: «Dormía sobre una cama inmunda, cubierta de grosero vestido, privada de su ajuar y con los cabellos cortados, en espera de la más horrible nivelación.»

Y no podía haber piedad para la joven española porque la mano que había ordenado su perdición era la del mismísimo Robespierre. Otro de los líderes revolucionarios, Collot d'Herbois, recordaría años después que «no hubo jamás orden que Robespierre presentara en forma que más nos obligase a firmarla». ¿Por qué aquella inquina? ¿Qué podía temer la cabeza visible de la revolución de una joven más ducha en amores que en palabras? Precisamente eso: la corrosiva influencia de su belleza, capaz de disolver la coraza virtuosa que Robespierre exigía a los representantes revolucionarios del pueblo para que pudieran llevar a cabo con éxito la persecución de monárquicos y traidores. Buena prueba de tal riesgo era que uno de aquellos representantes, el diputado Jean Lambert Tallien, había caído ya en las dulces redes de la hermosa española.

Tallien había sido enviado a Burdeos en octubre del año anterior para gobernar con mano de hierro la ciudad que había sido plaza fuerte de los girondinos, rivales políticos de los jacobinos en el poder. Y había cumplido fielmente su misión durante los tres primeros meses de su estancia, haciendo guillotinar a cincuenta y ocho personas y detener a muchas otras, entre ellas a un revolucionario español llamado José Marchena, quien pasaría a la Historia con el sobrenombre irónico de abate Marchena y había sido uno de los primeros abanderados de la revolución en España sin que ello le hubiera evitado caer bajo el halo de sospecha que rodeaba en Francia a todos los extranjeros.

Un aviso, que Tallien mandó distribuir por todo Burdeos, había convertido también a la misma piedad en algo delictivo. Rezaba así: «Toda ciudadana o cualquier otro individuo que acuda a solicitar algo en favor de los detenidos, o a fin de conseguir algún beneficio, será considerado y tratado como sospechoso.» Una barbaridad rigorista que, si no implicara tan trágicas consecuencias, resultaría hasta cómica, como lo es la anécdota escrita poco más de un siglo después, en plena Revolución Rusa, por el novelista checo Jaroslav Hasek en uno de sus relatos, en la que da cuenta de un militar soviético que, para propiciar la alfabetización del pueblo, hizo público el siguiente comunicado: «Ordeno a todos los habitantes del pueblo y la comarca que no sepan leer y escribir que aprendan en tres días. Quien siga siendo analfabeto al cabo de este tiempo será fusilado.»

Sin embargo, el despiadado rigor de Tallien se hacía humo cuando quien se atrevía a pedir algo en favor de un detenido era la joven y bella española Teresa Cabarrús. Tallien había coincidido ocasionalmente con ella en los primeros días de la revolución, cuando él visitaba en París la casa de un diputado monárquico constitucional que era el amante de la entonces condesa. Convertida ahora en ciudadana, Teresa Cabarrús seguía teniendo la fascinante aureola de una aristocracia que Tallien envidiaba tanto como detestaba (estaba convencido de ser hijo bastardo del marqués de Bercy, de quien su padre era criado), y una belleza coqueta cuya disputa ya había motivado incluso que dos amigos de la familia Cabarrús en Burdeos, adonde ella se había trasladado huyendo de las turbulencias parisinas, se batieran en duelo: Edouard de Colbert y Auguste de Lamothe. Ninguno logró hacerse con su amor aunque, según parece, Lamothe, que había sido el vencido, sí que alcanzó a disfrutar fugazmente de sus favores. La herida de la disputa, en todo caso, no separó más que pasajeramente a los duelistas, pues mantuvieron una renovada amistad durante toda su carrera militar, en la que llegaron ambos al grado de general.

Consciente de la devoción que sentía por ella el nuevo hombre fuerte de Burdeos, Teresa Cabarrús intercedió cada vez más por prisioneros y represaliados. Sin embargo, la revolución no sólo contaba en Burdeos con los ojos enamorados de Tallien y pronto llegó a París una carta que decía: «Denunciamos al llamado Tallien, representante del pueblo, por tener relaciones íntimas con la llamada Cabarrús, mujer divorciada del ex noble Fontenay, y que tiene tanta influencia sobre él que se ha transformado en protectora de su casta de nobles, financieros y acaparadores.»

Las murmuraciones sobre su intimidad con la española respondían más a los deseos de Tallien que a la realidad, por mucho que a éste le hubiera gustado que no fuera así. La bella aristócrata seguía estando fuera de su alcance, pero su devoción hacia ella era real y el resultado de la denuncia no se hizo esperar. En el mes de noviembre, Teresa Cabarrús fue detenida y encerrada en el fuerte de Hâ. Pese a su difícil situación, consiguió hacer llegar una carta a Tallien, en la que solicitaba su ayuda, y éste, bajo el pretexto de someterla a interrogatorio, la visitó en su celda de cuyos gruesos muros, para sorpresa de los centinelas, no escaparon los ayes propios de una prisionera atormentada sino otros deleitados suspiros. Sean tales sonidos parte o no de la leyenda amorosa de Teresa, lo cierto es que tras aquel encuentro en el fuerte de Hâ ella fue puesta en libertad y se convirtió públicamente en la amante del feroz Tallien. Y si éste se aplicó a la tarea de educarla en los valores revolucionarios, tanto por compartir sus ideales con ella como para apaciguar de ese modo los recelos que provocaba su romance, no menos cierto es que la española supo no sólo ganarse sino también ablandar el corazón de Tallien. Teresa compartía lecho y actos públicos con el joven representante del pueblo (Tallien tenía en ese momento veinticinco años de edad), y con su coqueto sentido de la moda se las apañó para sacar partido incluso de la parafernalia revolucionaria. Así, el 30 de diciembre de 1793, encarnó a la Diosa Razón en las fiestas revolucionarias de Burdeos, y su gracia y su belleza cautivaron a las masas como lo habían hecho en otro tiempo con la aristocracia.

Por su parte, Tallien empezó a sustituir las condenas a la guillotina por multas y, en los cinco meses siguientes, el número de ejecuciones fue disminuyendo hasta el punto de no haber ninguna durante el mes de mayo. Tanta benevolencia, que además no era totalmente desinteresada pues Teresa había decidido hacer compatible el bien ajeno con el propio y, al igual que hacían otras personas, había empezado a cobrar por su intercesión ante las autoridades revolucionarias, irritó tanto al gobierno de París que un nuevo representante, Jullien, fue enviado a la ciudad para sustituir a Jean Lambert Tallien. Con él regresaron los rigores del terror. Las cifras hablan solas: el mismo mes de la llegada de Jullien fueron guillotinadas en Burdeos setenta y una personas, y al mes siguiente ciento veintiséis.

Astutamente, Tallien quiso aquietar las revueltas aguas que le rodeaban alejándose de Teresa Cabarrús. Para ello se trasladó a París, donde mantuvo una intensa actividad parlamentaria que le valió ser nombrado presidente de la Convención Nacional. Mientras tanto, la española permaneció en Burdeos y en el mayor desamparo: no sólo era detestada por los jacobinos, que la veían como una corruptora de la voluntad revolucionaria, sino que ya no había allí autoridad alguna que pudiera favorecerla en caso de apuro y sobre su amistad con Tallien pesaban la distancia y la prudencia que él le reclamaba.

Tal situación, embarazosa y difícil para los amantes, presentaba inesperadas ventajas para quien quisiera influir sobre el nuevo presidente parlamentario. Sólo hacía falta poseer un espíritu maquiavélico y carecer de escrúpulos. Tal era el caso de Joseph Fouché, un ambicioso político que, años después, sería el creador de la policía de Bonaparte pero que entonces era líder revolucionario en la ciudad de Lyon. Por un lado estaban Tallien, que ostentaba un influyente cargo y cuya pasión amorosa le había llevado a contravenir las directrices de París, y la mujer que amaba, Teresa Cabarrús, que ahora estaba sola y asustada. Por otro lado estaba Robespierre, quien proseguía con su política de eliminación de los enemigos internos de la revolución, categoría esta en la que cada vez encuadraba a más políticos. Primero habían sido los monárquicos, después los girondinos, más tarde los radicales de Hébert y, por fin, el mismísimo Danton. ¿A quién le tocaría ahora? Ésa era la cuestión que inquietaba a buena parte de los dirigentes de la revolución pues bajo el pretexto del Terror, que debía depurar al Estado de traidores y corruptos, muchos dirigentes habían cometido verdaderas carnicerías y aprovechado la ocasión además para obtener beneficios personales. Tal había sido el caso de Fouché en Lyon. Deseosos de hacer olvidar sus propios excesos y temerosos de que el virtuoso Terror preconizado por el líder jacobino terminara por volverse contra ellos, pronto urdieron un plan para acabar con Robespierre y exorcizar así en su persona las culpas propias. Pero ese plan exigía un hombre que fuera capaz de hacer frente a Robespierre en la misma cámara parlamentaria donde se le respetaba tanto como se le temía. ¿Quién podía ser tan temerario como para jugarse la vida en el terreno en que los líderes jacobinos habían demostrado ya sus habilidades y su rigor? La respuesta, a los ojos de Fouché, estaba clara: un loco de amor.

Era una apuesta arriesgada y el juego debía llevarse con total discreción y astucia. Robespierre no debía tener el menor indicio de que la traición se estaba urdiendo justo a su lado, entre los hombres que le parecían más incondicionales. Fouché comenzó a mover los hilos con sutileza. Envió a Burdeos a un agente llamado Tascherau con el fin de persuadir extraoficialmente a Teresa de que viajara a París, donde estaría más segura y más cerca de su amado Tallien. Una vez en París, la convenció para que cambiara en varias ocasiones de domicilio, siempre con prisa, siempre bajo la excusa de su seguridad. Con ello, Fouché lograba que la española apareciera a los ojos de las autoridades parisinas como una sospechosa ex aristócrata que buscaba dónde esconderse. Tascherau ordenó entonces un registro de la antigua casa bordelesa de Teresa donde ésta, precisamente por recomendación de aquél, había dejado abandonadas sus maletas al cambiar de domicilio. Evidentemente, la española no estaba allí y así constó en el informe del registro. Cuando llegó a oídos de Robespierre que Teresa Cabarrús había abandonado Burdeos y regresado a París, donde se hallaba en paradero desconocido, sospechó que se estaba urdiendo alguna trama contra él y ordenó su búsqueda y captura. Para su satisfacción, Tascherau no tardó en entregársela. Pero Robespierre ignoraba que, de ese modo, lejos de haber logrado abortar la conspiración de sus enemigos estaba contribuyendo a tejer la que habría de perderle definitivamente.

Teresa Cabarrús fue a parar a la prisión de La Force, en cuyos calabozos trabó amistad con otra bella dama prisionera, Rose de la Pergerie de Beauharnais, quien años después cambiaría su nombre por el de Josephine de Beauharnais y contraería matrimonio con un joven y brillante general llamado Napoleón Bonaparte. Con el arresto y la posterior condena a muerte de la española, Robespierre creyó liberar a Tallien de tan perniciosa influencia y a la vez escarmentarle de tal modo que éste no volviera a apartarse de sus directrices. Pero Fouché contaba con que la proximidad de la guillotina tuviera un efecto contrario y fuera la presión que ejerciera la bella cautiva la que pesara más sobre el ánimo del presidente de la Convención Nacional. Y así fue.

Al igual que sucediera en el fuerte de Hâ, Teresa hizo llegar una carta a Tallien dos días antes de la fecha fijada para su ejecución. Eran unas pocas líneas, duras, retadoras, llenas de desdén y de desesperación. Una certera flecha dirigida al corazón:

«El administrador de policía acaba de salir de aquí; ha venido a anunciarme que mañana compareceré ante el tribunal, es decir, que subiré al cadalso. Ello se parece poco al sueño que he tenido esta noche: Robespierre ya no existía y las cárceles estaban abiertas de par en par. Pero gracias a tu insigne cobardía pronto no habrá en toda Francia nadie capaz de realizar mi sueño.»

Era el día 7 de termidor y, dada la costumbre del tribunal revolucionario de ejecutar la condena en las veinticuatro horas siguientes al fallo, la fecha de la muerte sería dos días después. Apenas había tiempo. Tallien envió una nota de respuesta a su dolida amada a través de la ventana del calabozo: «Tened, señora, tanta paciencia como yo tendré coraje, y calmad vuestra cabeza.» Era un consejo mucho más fácil de escribir que de seguir. Teresa consumió las que iban a ser sus últimas horas de vida en el extraño ambiente de la cárcel. Allí, la desesperación provocaba las más singulares reacciones. En palabras de la propia Teresa Cabarrús: «Todo el mundo era amigo de todo el mundo. Algunos se sentaban por última vez al banquete de la vida y ofrecían riendo sus adioses eternos. Las diversiones de la infancia presidían la espera de la muerte. En ocasiones se les veía remedar a sus verdugos con mil caricaturas que les hacían reconocibles; así, representando unas veces a los jueces y otras a las víctimas, aprendían a marchar al patíbulo.» Mientras tanto, afuera, la Fortuna se aprestaba a hacer girar su caprichosa rueda.

Al día siguiente, Robespierre lanzaba un violento discurso en la Convención lleno de amenazas hacia los traidores a la revolución, aunque sin precisar a quién estaba acusando, de modo que quien más quien menos la mayoría de los diputados temía encontrarse en la nueva lista de proscritos. Tallien aprovechó el miedo despertado por las palabras de Robespierre para acusar a éste de tirano. Y, en un gesto teatral, empuñó un cuchillo en la mano y proclamó a gritos ante la cámara atónita: «¡Ciudadanos representantes, me he armado de un puñal para atravesar el pecho del nuevo Cromwell, en el caso de que no tengáis el valor de decretar contra él una eficaz acusación!» En ese momento, el temor acumulado por la represión de los últimos meses estalló en la sala. Robespierre y los suyos, tras varias peripecias, fueron arrestados y condenados a muerte, sentencia que fue cumplida, con la expeditiva celeridad que el propio Robespierre había puesto de moda, el día 10 de termidor. Con Robespierre comenzaba a morir también una revolución cuyo régimen languidecería, entre 1795 y 1799, bajo el Directorio antes de dar paso al Imperio de Bonaparte.

Así, en una rara pirueta de la vida, la joven española salía a la calle dos días después de que el hombre que la quería muerta entregara su propia cabeza a la insaciable guillotina. Y quien volvía a rescatarla de los brazos de la muerte era Jean Lambert Tallien. Camino de la libertad, cuando ambos cruzaban la isla de la Cité, Tallien fue reconocido por la multitud y aclamado como un héroe. Era la hora de su triunfo. Cinco meses después, el 26 de diciembre de 1794, la agradecida Teresa Cabarrús se casaba con él y, al poco, nacía una hija a la que, inevitablemente, pusieron por nombre Termidor. ¿Cabía mayor felicidad? Desde luego que no. Ya sólo cabía la desdicha, y Tallien la recibió con creces.

Durante algún tiempo, Tallien gozó de gran reputación como libertador del país, pero su pasado sanguinario y su torpeza política le colocaron pronto en un segundo plano. Sus debilidades, como la falta de decisión que propició una matanza de emigrados políticos en Quiberon, hicieron que el amor de su esposa, cuyas raíces se hundían más en la gratitud que en la admiración, no tardara en apagarse. Teresa definiría años más tarde sus sentimientos con dos frases lapidarias: «Demasiada sangre en las manos de aquel hombre. Me repugnó para siempre.»

Después del golpe de termidor, la vida parisina volvió a llenarse de bailes y fiestas. Era la recuperación de la alegría de vivir, pero también el regreso del elegante mundo aristocrático depuesto por la revolución. Las grandes damas volvían a abrir sus salones, corría el dinero y, de las tres célebres palabras de la divisa revolucionaria, la igualdad y la fraternidad parecían haber entrado ya en el reino del olvido. Era el retorno del mundo de Teresa y el fin de los sueños revolucionarios de Tallien. Nada más natural, pues, que mientras la estrella política de éste se eclipsaba, la de su esposa refulgiera como ninguna en la vida social de París.

Por la casa de madame Tallien, un hermoso pabellón situado en la avenida de las Viudas, en la encrucijada boscosa que era entonces lo que hoy se conoce como avenida de Champs Elysées, bebían, cantaban y bailaban políticos, banqueros, artistas y nobles rehabilitados. Uno de aquellos asiduos visitantes era Paul Barras, miembro del Directorio que regía los destinos del país. Y Teresa, educada en la tradición de las grandes damas francesas que, desde madame de Lafayette, proclamaban lo inadecuado de tener por esposo y amante al mismo hombre, quizá con la sensación de haber pagado sobradamente su deuda de gratitud con Tallien, proclive como era al afecto de los hombres más importantes de cada momento, dispuesta también a disfrutar de la vida tras haber estado a punto de perderla, pronto se hizo amante de aquel hombre de cuarenta años de edad, de fisonomía agraciada, de ojos vivos y boca sensual, poderoso, arrogante y de buenas maneras.

En su papel de musa del Directorio, como años antes en el de Diosa Razón, Teresa Cabarrús desplegaba todas sus artes seductoras, en las que combinaba la sabia administración de sus encantos y la discreta naturalidad de sus maneras. Ella impuso en París la moda de las túnicas griegas, casi transparentes, y el pelo corto como postrera revancha de la hermosura contra la costumbre carcelaria, que había sufrido en carne propia, de cortar el pelo a las mujeres. Le gustaba departir con sus invitados y adoraba bailar. En ocasiones, para deleite de todos, lo hacía sola, deslizándose, armoniosa y radiante como una aparición, por el centro de la sala. Madame de Chaternay dejaría un amable retrato de ella en sus memorias: «No creo que se pueda ser más bella de lo que era entonces esta mujer. Me parece siempre verla, como un hada, entre todos los demás, tocada con sus hermosos cabellos negros y sin ningún otro ornato... Los modales de Madame Tallien eran más bien graves que ligeros, y el ambiente en torno suyo era correcto y de buen tono. Se confesaba amiga del más importante hombre del Directorio, pero su influencia, si es verdad que la ejerció, fue siempre benévola.»

La pública amistad de su esposa con el poderoso Barras era más de lo que Tallien podía soportar. Tenía treinta y un años y no sólo se veía relegado de la vida política y sin apenas dinero, sino que no podía exhibir más título que el de esposo cornudo de la mujer más bella de la ciudad. Para huir de la humillación y quizá para rehabilitarse a los ojos de quien seguía cautivando su corazón, Tallien decidió embarcarse con Napoleón rumbo a Egipto, en 1798, en busca de gloria. En la carta de despedida que envió a su madre, explicaba que «me hago olvidar y espero volver antes de dos años a vivir con mi familia, para gozar de una vida honesta y no volverme a mezclar en otros asuntos que no sean los míos». Pero el tiempo de Tallien ya no era el de Teresa y su partida no hizo sino empujar definitivamente a ésta en brazos de Barras. La española justificaría después sus amoríos cargándolos en las cuentas de sus esposos: «¿Es culpa mía si Fontenay me traicionó y me abandonó; si Tallien se marchó a Egipto cuando debía permanecer en París?»

Sin embargo, la educación sentimental de Teresa Cabarrús habría de completarse amargamente en aquellos años de esplendor. El interés que Barras sentía por ella encontró su natural límite en los más altos intereses de la patria y no tuvo inconveniente alguno en cederla como amante del banquero Ouvrard —un hombre guapo, de rostro inteligente y malicioso, devoto visitante del salón de madame Tallien—, a cambio de la ayuda financiera de éste. Aquella vejatoria compra-venta devolvió a Teresa a la realidad de su vida: se había convertido en un trofeo, en un símbolo de riqueza y poder. El amor no tenía cabida en su vida, era la hora de la supervivencia. Por otra parte, la estrella política de Barras también empezaba a declinar, así que Teresa decidió ceder a la humillante transacción pues con ella atendía a sus propios intereses y aceptó la amorosa amistad del banquero, aunque impuso su precio: un bellísimo palacio rodeado de jardines en la rue de Babylone. Frutos de aquella unión fueron cuatro hijos que recibieron el apellido de su ausente esposo: Tallien. Mientras tanto, éste se consumía en el desierto egipcio, cada vez más abatido y ajeno al rumbo que tomaba la vida de su esposa. En una carta le daba cuenta de sus penurias: «Carecemos de todo. Desde hace cinco días no hemos cerrado los ojos; estoy tendido en el suelo, las moscas, las pulgas, las hormigas, los mosquitos nos devoran, y veinte veces al día echo en falta nuestro pabellón. Te lo ruego, no te deshagas de él, mi querida amiga.»

Cuando Tallien regresó por fin a Francia, en 1801, supo que Teresa vivía con Ouvrard y, cuando logró ponerse en contacto con ella, ésta le informó de su deseo de divorciarse. El reencuentro no había sido lo que Tallien soñaba cuando partió en busca de gloria. Volvía doblemente derrotado y sin fuerzas para nuevos esfuerzos. Resignado, escribió a su esposa una carta en la que le pedía conservar al menos su amistad:

«Las veinticuatro horas que acaban de transcurrir han sido para mí muy penosas; os descubrí ayer por primera vez desde hace tres años, y volví a mi casa extremadamente agitado. ¡El azar me hizo abrir una de esas carpetas que contienen mis papeles y lo primero que hirió mis ojos fueron las cartas que me escribíais desde vuestro calabozo!... Quiero, Teresa, hablaros francamente. Nuestros enemigos, y hasta a menudo nuestros amigos, contribuyen a alejarnos el uno del otro. No creáis que yo quiera hablaros de una aproximación que se ha hecho imposible. Os ofreceré la expresión de un sentimiento que no por ser menos vivo que aquel que causa todas mis penas será menos duradero: me refiero a una amistad franca e inalterable. ¡Adiós, Teresa! Creed que si no sois ya mi mujer a los ojos de la ley, la madre de Termidor no debe menos que seguir siendo la amiga de aquel que, bajo más de un concepto, debe merecer ese título.»

De esa manera, invocando el amparo de una antigua gratitud, Tallien sellaba un pacto de amistad con Teresa que duraría hasta su muerte. Su ex esposa no tuvo inconveniente en permitirle que viviera en una casita de su propiedad, cercana al pabellón que tanto añoraba y que había sido convertido en una fonda.

Los cambios políticos, con la llegada de Napoleón Bonaparte al poder, supusieron un nuevo revés para Teresa Cabarrús pues, para su sorpresa, se vio excluida de la nueva corte del emperador pese a haber oficiado de testigo en la boda de Napoleón y Josephine. Precisamente la amistad que unía a ambas mujeres era la que le cerraba las puertas: para Napoleón, Teresa era un permanente e incómodo recordatorio del pasado libertino de la emperatriz. Además, su relación con Ouvrard no contribuía a disipar la fama de mujer fatal que la acompañaba. Cuando por fin Ouvrard, consciente de lo poco beneficioso que le resultaba en la nueva situación su amor con la española, decidió separarse de ella, Teresa se encontró al final de un callejón de difícil salida: el emperador la ignoraba por inmoral, los cada vez menos influyentes herederos de la revolución la detestaban por aristócrata y los aristócratas, que tanto la habían agasajado cuando era la esposa del hombre que había acabado con Robespierre, la despreciaban ahora por sus antiguos conqueteos revolucionarios.

Quiso entonces la caprichosa Fortuna tenderle una mano precisamente desde ese pasado que tanto la atormentaba. El salón de su casa seguía abierto, aunque no gozara ya de la fama de antaño, y en una de las reuniones le fue presentado un hombre alto y elegante, el conde José de Caramán, que había vivido durante años como emigrado en Hamburgo, donde se vio obligado a impartir clases de matemáticas y de violín para ganarse la vida. La sorpresa surgió cuando éste le recordó que sus vidas ya se habían cruzado fugazmente una vez en plena revolución, durante el viaje desde Burdeos a París que terminó llevándola hasta la antesala de la guillotina. En un alto en el camino, cerca de Orleans, el entonces joven Caramán la había visto y, deslumbrado por su belleza, le había ofrecido un refresco. Ahora, once años después, le ofrecía también su amor.

La boda civil se celebró el 3 de agosto de 1805. Teresa tenía treinta y dos años, seis hijos y un pasado que habría de perseguirla incluso hasta las posesiones que el conde de Caramán tenía en Chimay, al sur de Bélgica. El hecho de no estar casada por la Iglesia, pues su primer marido, el conde de Fontenay, seguía vivo, y su fama de libertina mezclada en asuntos revolucionarios hicieron que fuera excluida también de la corte del rey Guillermo de Bélgica. Con todo, aquél era un precio pequeño a pagar por el bien que al fin había alcanzado: la paz.

Casi con el mismo ahínco con que se arrojó en brazos del desenfreno en su juventud, la madura Teresa Cabarrús, convertida en princesa de Chimay desde que dicho título recayó sobre su esposo, remansó sus ansias en el seno de un amor tranquilo que le dio cuatro nuevos hijos. Su salón siguió abierto para los artistas y, de hecho, Cherubini compuso su *Gran Misa* en su castillo, pero había desterrado la frivolidad de su existencia.

Un día le llegó la noticia de la muerte de su primer esposo y al fin pudo contraer matrimonio religioso con el príncipe, aunque esto no hizo que sus relaciones con la corte belga mejorasen. Otro día, en 1820, supo de la muerte de su segundo esposo. Tallien había fallecido en la casita que ella le había cedido cuando se divorciaron. Pobre, obligado a vender su biblioteca para poder sobrevivir, paralítico, enfermo de gota y de soledad, con un ojo perdido, incapaz de rehacer una vida que había dado por perdida al perderla a ella, Jean Lambert Tallien mereció en su muerte la siguiente nota del *Diario de los Debates*, de París: «El servicio que el difunto rindió a su país en termidor le permitirá obtener la gracia ante la Historia, contrapesando un papel (en la muerte de Luis XVI) que ha expiado, por otra parte, con veintiséis años de arrepentimiento. Ha muerto pobre. Podemos asegurar que, en sus últimos años, se hubiera visto reducido a la miseria absoluta sin los socorros que una augusta beneficencia le concedía.» El misterioso socorro benefactor no había sido otro que el de la princesa de Chimay, que había seguido carteándose con su ex marido durante todos aquellos años.

Y el 15 de enero de 1835 fallecía la propia Teresa, rodeada del amor de los suyos. Su fama, sin embargo, habría de sobrevivirle. Y su leyenda alimentaría la curiosidad de los historiadores, desde el retrato amable, casi como una santa salvadora de vidas, del español Fernando Díaz-Plaja, hasta la feroz descripción que de ella hizo el francés Arsène Privat: «Teresa estaba dotada de un temperamento exigente. Era necesario que llegase a la inconsciencia, al desmayo, al síncope para ser feliz. Frecuentemente un solo hombre no llegaba a llevarla a este estado y entonces recurría a la amabilidad de un vecino, de un invitado o de cualquiera que pasase por la calle para suplir la falta de fuerzas de su amante fijo.» Sobre ella, tanto tiempo después, siguen proyectando los hombres sus fantasmas.

# El dios de la Máquina

Son ya las dos de la madrugada del lunes y ha dejado de llover. En la gran plaza de Grève, que se extiende ante el palacio del Ayuntamiento de París, se escuchan todavía algunos disparos aislados. Los pocos partidarios del líder revolucionario Maximiliam Robespierre, que todavía montaban guardia en el lugar, se baten en retirada ante el empuje de las tropas comandadas por Paul Barras que han sido enviadas por los parlamentarios de la Convención Nacional para acabar con su insurrección. Dentro de pocas horas amanecerá el día 10 del mes termidor, el 28 de julio de 1794 según el antiguo calendario suprimido por la revolución. Sobre la plaza quedan algunos cuerpos ensangrentados y un calor pegajoso, que parece surgir de las cercanas aguas del Sena, empapa de sudor las guerreras de los soldados.

Una de las columnas parlamentarias, la que dirige el diputado Leonard Bourdon, logra penetrar por el pórtico del Ayuntamiento y ocupa la gran escalera central. Entre la tropa está el gendarme Charles André Merda. Tiene veinticuatro años y el entusiasmo necesario para lanzarse escaleras arriba, pistola en mano, hacia el gran vestíbulo de la primera planta. El grueso de la columna imita su gesto y le sigue en su búsqueda de los cabecillas de la insurrección.

Cuando Merda abre la puerta de uno de los salones, se encuentra con un reducido grupo de insurgentes que le miran paralizados y en cuyo centro, sentado a una mesa, con la cabeza baja y ligeramente ladeada hacia la puerta que acaba de abrirse, está un hombre de unos treinta y cinco años de edad, con el rostro todavía empolvado y las huellas de la fatiga impresas en él. Viste una sucia casaca azul que ha perdido todo esplendor. La misma casaca que los vecinos de París habían podido admirar hacía unas semanas durante la gran fiesta con que se inauguró el nuevo culto al Ser Supremo, tras unos meses de furioso ateísmo impuesto por los radicales. El hombre de la casaca no puede ser otro que el mismo Robespierre, el líder del club de los jacobinos, el hombre que a los ojos del mundo encarna la revolución y a quien se considera responsable de las ejecuciones de los últimos meses.

Los hombres de Bourdon, que llegaban en ese momento a la puerta del salón, oyeron un disparo y, al entrar, vieron al joven Merda de pie frente a la mesa sobre la que estaba desplomado el cuerpo malherido de Robespierre. Todavía estaba vivo, pero tenía la mandíbula rota por un tiro de pistola y su sangre, que manchaba la polvorienta casaca, había salpicado también una hoja de papel que reposaba sobre la mesa y a cuyo pie se veían escritas las dos primeras letras de una firma inconclusa: Ro...

¿Qué había sucedido para que Maximiliam Robespierre, el Incorruptible, el dios de la guillotina, el hombre fuerte de la Convención Nacional, se viera ahora preso, desprovisto de poder y de dignidad, tratado de traidor y de tirano, y condenado a alimentar con su propia cabeza la voracidad de la terrible Máquina? Como en tantas otras tragedias de la Historia, la fatalidad de su destino era fruto de una temible alianza: la de un equívoco y una equivocación.

El equívoco fue ser considerado como la encarnación misma de la revolución, pues con ello Robespierre había asumido en su persona tanto lo que de grandeza había en ella como lo que tenía de espantosa. Pero el primer responsable de tal consideración había sido él mismo. Su carácter introvertido, solitario e idealista, heredero de las tristezas de su infancia de huérfano, alimentaba su firme fe en su capacidad para ofrecer al mundo una república perfecta. ¿Y qué mejor alabanza a sus esfuerzos que verse considerado como el hombre que, en medio de terribles violencias pero guiado por la razón y la virtud, conducía a Francia hacia tamaño ideal?

Escindido entre su decisión de hacer realidad sus sueños y la atroz realidad de una revolución que desataba terribles pasiones, Robespierre vivía en un mar de dudas y contradicciones bajo su apariencia fría y distante.

La suya había sido una de las pocas voces que, en 1791, había defendido la abolición de la pena de muerte; y también se había opuesto a la idea de los diputados girondinos (así llamados por ser en su mayoría de la región de la Gironde) de propagar la revolución por Europa mediante la guerra. Sin embargo, estrenada la nueva máquina de ejecuciones en 1792 y embarcada Francia en una guerra contra las principales potencias europeas y contra los partidarios del Antiguo Régimen, Robespierre se convirtió en defensor del uso ejemplar de la pena de muerte como medio para detener a la reacción y lograr así ganar la guerra.

«El gobierno de la revolución es el despotismo de la libertad frente a la tiranía —había afirmado en un renombrado discurso en el Parlamento, a principios de 1794—. Es necesario ahogar a los enemigos internos y externos de la República o perecer con ella. Si la fuerza del gobierno popular es, en tiempo de paz, la virtud, la fuerza del gobierno popular en tiempo de revolución es, al mismo tiempo, la virtud y el terror. La virtud sin la cual el terror es cosa funesta; el terror sin el cual la virtud es impotente. Y el terror no es otra cosa que la justicia expeditiva, severa, inflexible.»

Aquella actitud había producido, en la práctica, un aluvión de ejecuciones dictadas en los juicios sumarísimos de un tribunal de excepción: el Tribunal Revolucionario. La guillotina de París trabajaba incesantemente y los representantes de la Convención Nacional en las provincias la empleaban con idéntica o mayor frecuencia. Con ella, con la Máquina, la muerte se convertía en espectáculo y escarmiento. Y, al mismo tiempo, hacía realidad la proclamada igualdad pues en el último trance la Máquina volvía a todos iguales: al ladrón y al rey, al noble y al plebeyo. Ya no había una muerte vergonzante y otra digna, una muerte para los pobres (la horca) y otra para la aristocracia (la decapitación). Ahora todos eran iguales ante la ley, por terrible que ésta fuera. La única distinción en París era que los condenados por delitos políticos morían en la guillotina levantada en la plaza de la Reunión y los condenados por delitos comunes lo hacían en la que se alzaba en la plaza de Grève.

Pero la virtud que Robespierre consideraba piedra angular del gobierno de la República, y que reclamaba como instrumento necesario para limitar y guiar el ejercicio del terror, no era moneda tan corriente entre la nueva clase política. Muy pronto los juicios sumarios empezaron a convertirse en meras coartadas para venganzas personales, cuando no eran simplemente obviados, como sucedía en algunas ciudades de provincia en las que los representantes de la Convención usaban el terror para medrar y enriquecerse. Tal eran los casos de Fouché en Lyon, de Barras en Tolon o de Tallien en Burdeos. Como en tantas otras ocasiones, Robespierre olvidaba que trataba con hombres, no con ideas.

Convencido de la rectitud de sus principios, el líder de los jacobinos había recorrido un breve pero intenso camino en la revolución; un camino que le había dado cada vez más poder, pero que también había ido dejándole solo. Primero propició el pacto con los girondinos, los seguidores de Danton y los radicales de Hébert para llevar al rey a la guillotina. De ese modo conjuraba el peligro del retorno monárquico. Después, había pactado con Danton y los hebertistas para acabar con los girondinos. Con ello pretendía evitar que la guerra se convirtiera en una cruzada sin fin y, al tiempo, sometía a las provincias al dictado de París, que era el corazón revolucionario del país. Pero las aguas de la revolución seguían revueltas. Para algunos era el momento de detener la máquina revolucionaria: se había implantado el sufragio universal, que ya era mucho, pero la propiedad privada era un derecho sagrado que no se podía tocar. Para otros, como los seguidores de Hébert y de Jacques Roux, lo que había llegado era la ocasión de hacer realidad la igualdad, repartiendo la riqueza, como una forma de conseguir una auténtica libertad. Unos, como Danton, querían detener inmediatamente la guerra, al precio que fuera. Otros, como Desmoulins, poner coto a las ejecuciones. Y los había, como Hébert, partidarios de implantar un ateísmo sin concesiones.

La desconfianza de Robespierre hacia unos y otros era creciente. En el mismo discurso en que había proclamado la alianza de la virtud y el terror había dicho también que «los enemigos del pueblo francés se han dividido en dos facciones, una de estas facciones nos empuja a la debilidad, la otra a los excesos». Muy pronto unos y otros pudieron comprobar que las palabras del Incorruptible no habían sido dichas en vano.

Para acabar con los hebertistas, cuyas ideas socializantes le parecían excesivas y cuyo ateísmo despreciaba, decidió apoyarse en Danton y así las cabezas de Roux y de Hébert no tardaron en rodar. Sin embargo, la lógica que él mismo había puesto en marcha hizo que el Comité de Salvación Nacional decidiera apresar después al propio Danton y a Desmoulins, que era amigo personal de Robespierre, por sus manifestaciones a favor de la clemencia. Y aunque se decía que en un primer momento había intentado impedirlo, el hecho es que finalmente el Incorruptible había transigido con la ejecución de ambos.

Los partidarios de mantener el terror se habían fortalecido una vez más a golpe de guillotina y con ellos, aparentemente, también Robespierre. Pero éste tampoco era insensible a las repetidas protestas que provocaban los excesos de la represión, y las noticias que llegaban de provincias sobre abusos y corrupciones le llevaron a criticar ferozmente a líderes como Barras, Fouché y Tallien. Este último, además, reunía en sí mismo los dos extremos que el líder jacobino detestaba, pues tras unos meses de inmisericorde terror se había pasado al bando de los clementes, entregándose a una vida de ociosidad y lujo desde que se había enamorado de la joven española Teresa Cabarrús, con quien convivía en Burdeos. Una conducta que irritó a Robespierre hasta el extremo de dictar personalmente la detención de la joven aristócrata.

A esas alturas de la vertiginosa revolución, Robespierre se había quedado casi solo, apoyado por su hermano Agustín, por el joven Saint-Just, por los miembros de la Comuna de París, con su alcalde al frente, y poco más. Sin embargo, la derrota de sus directos competidores le hacía sentirse en la cúspide de su poder. La amenaza de los débiles y de los radicales había sido conjurada, había llegado la hora quizá de poner fin al terror, pero no sin antes castigar a quienes lo habían utilizado para lucrarse, hombres sin escrúpulos que seguramente estarían ya conspirando en su contra. Ellos eran el último obstáculo y él estaba dispuesto a derribarlo. Les había llegado el turno y pensaba hacérselo saber en el mismo Parlamento en que se cobijaban. Ésa fue su equivocación.

El día 8 de termidor, Robespierre leyó en la Convención Nacional un discurso críptico y amenazador en el que denunciaba la existencia de una conspiración, pero se negó a concretar los nombres de aquellos a los que pensaba acusar. Lo que él pensaba que era un gesto de prudencia se convirtió en realidad en un arma en su contra, pues el miedo cundió como reguero de pólvora entre todos los diputados y no sólo entre los pocos que él tenía en mente. Eran ya demasiadas muertes y demasiado precipitadas. Una acusación equivalía de hecho a una condena, sin que hubiera tiempo para esclarecer la verdad, y dado el torbellino de rumores, falsas acusaciones y delaciones que asolaba el país, cada cual se preguntaba si no estaría su nombre entre los que contenía la temible y secreta lista del Incorruptible.

Una cosa era segura: la Máquina iba a funcionar de nuevo. Sólo faltaba saber qué cabezas la alimentarían, pero ni Fouché ni Barras ni algunos miembros del Comité de Salvación Nacional como Collot d'Herbois y Billaud-Varenne (quienes desde hacía tiempo buscaban el modo de desplazar del poder a Robespierre) estaban dispuestos a que fueran las suyas. En cuanto a Tallien, en su cabeza no había más que una idea fija: salvar la de su amada Teresa, que aguardaba en la cárcel el día de su ejecución. La noche de aquel sábado se convirtió entonces en la noche de los conspiradores.

Hay reuniones entre las diferentes facciones del Parlamento. Es necesario convencer a los más, pero ¿cómo? Los conspiradores han forjado sus carreras políticas a la sombra del Incorruptible, le conocen bien, le temen como saben que le temen los demás; más aún, pues ellos mismos han sido los ejecutores implacables del terror. Y en ese miedo hallan su mejor argumento. Como una cruel paradoja, utilizan el espejismo del liderazgo de Robespierre como la mejor arma para acabar con él. No se trata ya del despotismo del Comité de Salvación Pública ni de los crímenes cometidos por los representantes de la Convención en las provincias ni de la conspiración que traman. Se trata de Robespierre. El tirano es Robespierre, el terror es Robespierre, el conspirador es Robespierre.

Al día siguiente, cuando Saint-Just intenta leer en la Convención Nacional un discurso en favor de Robespierre, Tallien le interrumpe gritando una enigmática frase:

—¡Descorramos la cortina!

Se oyen aplausos, Saint-Just aguarda y el presidente de la sesión, Collot d'Herbois, aprovecha la confusión para ceder la palabra a Billaud-Varennes, quien se dirige a los diputados con gesto grave:

—De lo que tengo que hablar es de un complot. Hay una conjura para destruir la Convención. Hay hombres que os destruirán y así lo han dicho en el club de los jacobinos. —Y con un gesto rápido, señalando a los altos bancos situados a la izquierda de la cámara, llamados de la Montaña, en los que está sentado Robespierre, grita—: ¡Allí hay uno de ellos!

El escándalo que siguió a sus palabras fue tremendo. Los diputados exigían saber los nombres de sus posibles asesinos. Todos miraban a la Montaña en espera de explicaciones. Se sucedieron algunas intervenciones confusas. Lebas, partidario de Robespierre, quiso hablar pero su voz fue silenciada por el griterío.

Cuando Billaud volvió a tomar la palabra se hizo un silencio expectante que éste aprovechó para recordar al decapitado Danton y las críticas que contra él vertió Robespierre, aunque obviando el hecho de que él mismo, como miembro del Comité de Salvación Pública, había sido uno de los responsables de la ejecución. Entonces Tallien, en gesto teatral, blandió en alto un puñal a la vez que exigía a los diputados que decretaran una acusación contra «el nuevo Cromwell».

Los intentos de Robespierre por hacerse oír fueron inútiles. La caótica sesión, sin embargo, fue poco a poco calmándose. Pasada la primera indignación, nadie parecía saber qué hacer. Hasta ese momento todo habían sido acusaciones abstractas, proclamas contra el Terror, pero nadie se había atrevido aún a pronunciar el nombre de Robespierre. Hubo algunas intervenciones más, que discurrieron por derroteros cada vez más alejados de los intereses de los conspiradores, de modo que Tallien volvió a tomar la palabra:

—Esta discusión tiene que volver al punto de...

Y entonces Robespierre cometió el error fatal. De forma solemne, pero brusca, habló al fin, interrumpiendo a su adversario con una frase lapidaria:

—Ya sabré yo la manera de ordenar de nuevo el debate.

Una simple frase. Unas pocas palabras dichas en tono autoritario que tuvieron la extraña virtud de prender definitivamente la mecha del miedo y de la cólera. La sala estalló en un solo grito:

—¡Tirano! ¡Tirano!

Aquella palabra representaba todo lo que Robespierre aborrecía y ahora se la gritaban a la cara. En vano quiso protestar. Su rostro impasible se congestionó y por primera vez perdió la calma con que siempre acompañaba sus contundentes discursos. Gritó exigiendo el uso de la palabra, pero un acceso de tos le impidió argumentar nada. En ese momento, el diputado Antoine Garnier le gritó desde su escaño:

—¡Es la sangre de Danton la que te ahoga!

—¡Es, pues, a Danton a quien pretendéis defender, cobardes! ¿Por qué no lo defendisteis antes? —logró responder Robespierre.

Pero el diputado Louis Louchet, antiguo partidario de Danton, cortó el debate con un grito:

—Hay que terminar, ¡arrestad a Robespierre!

La Convención votó por unanimidad el arresto de Robespierre, de su hermano Agustín, de Lebas, de Saint-Just, que durante todo el alboroto había permanecido silencioso y despectivo, y del abogado Couthon.

Durante aquella tarde de domingo, los gendarmes llevaron a los presos a diferentes prisiones de la ciudad, pero los partidarios de Robespierre, enterados de lo sucedido y agrupados en el palacio del Ayuntamiento, habían enviado órdenes a todos los barrios convocando al pueblo y llamando a desobedecer a la Convención. Los funcionarios de las prisiones se negaron, pues, a recibir a los presos que así, a media tarde, se hallaban libres de nuevo y en compañía de los suyos. Tan sólo faltaba Robespierre.

El líder de los jacobinos se hallaba bajo custodia en un puesto de guardia, pero cuando sus partidarios acudieron a rescatarle se negó a abandonar la celda. Afirmaba estar dispuesto a enfrentarse al Tribunal Revolucionario, pero sobre todo le repugnaba actuar ilegalmente, como un delincuente evadido. La legalidad, ya fuera ésta benévola o cruel, había sido siempre su obsesión. Finalmente le persuadieron para que se trasladara al Ayuntamiento, pero una vez allí, y a pesar de las presiones de Saint-Just, Lebas y otros incondicionales, se negó a firmar las órdenes para la insurrección contra la Convención. Su actitud no fue, sin embargo, la única sorpresa de la jornada.

Aquella tarde plomiza de verano, bajo un cielo que presagiaba tormenta, no se produjo la misma respuesta popular que los jacobinos habían cosechado en otras ocasiones. El pueblo estaba harto de guerra y de matanzas pero, sobre todo, se había quedado sin sus cabecillas. Porque las multitudes que habían llevado a Robespierre al poder el año anterior no estaban formadas por cultos burgueses más o menos radicales, sino por trabajadores de los barrios pobres. Al guillotinar a Hébert y a los suyos, Robespierre había descabezado a sus posibles defensores. Esta vez no se oía sonar la gran campana de la catedral de Notre-Dame tocando a rebato. El hombre que la había hecho sonar hacía un año, el español Andrés María de Guzmán, había terminado su revolucionario exilio en Francia guillotinado junto a Danton. Esta vez Robespierre estaba realmente solo.

Los pocos cientos de hombres que acudieron a la llamada de la Comuna se esfumaron al anochecer, cuando por fin descargó la tormenta sobre París y una densa lluvia estival lo empapó todo. Ya apenas quedaba nadie en la plaza de Grève cuando llegaron las tropas enviadas por la Convención. Y cuando el gendarme Merda irrumpió en el salón del primer piso del Ayuntamiento, Robespierre, después de más de siete horas de discusiones, seguía sin decidirse a estampar su firma en la orden de insurrección. Un disparo de pistola se lo impidió definitivamente.

Robespierre y sus seguidores regresaron esa misma noche a la prisión, esta vez como hombres fuera de la ley, tras su anterior fuga. Y ser declarado fuera de la ley, bajo el rigor de las leyes auspiciadas por el propio Robespierre, significaba que ya no hacía falta juicio, bastaba con ser conducido ante un tribunal e identificado para tomar el camino de la guillotina. Era cuestión de horas. Una justicia verdaderamente expeditiva.

Cuando llegaron ante el tribunal, los acusados ofrecían un aspecto lamentable. Robespierre, con la mandíbula vendada, a duras penas si podía tenerse en pie. El abogado Couthon, que era paralítico y al que habían arrojado por la escalinata del Ayuntamiento durante su detención, presentaba múltiples fracturas, al igual que el hermano de Robespierre, que se había tirado desde una cornisa. Lebas ni siquiera había llegado ante el tribunal: se había suicidado para evitar ser detenido. Tan sólo Saint-Just, con su rostro juvenil, seguía ofreciendo una imagen de altiva y silenciosa dignidad.

Ese mismo lunes 10 de termidor, a las seis de la tarde, veintidós condenados subieron a las tres carretas que habrían de llevarles hasta la guillotina levantada en la plaza de la Revolución. Y durante una hora y media padecieron el calvario de su macabro peregrinaje, deteniéndose el cortejo cada tanto para satisfacer la curiosidad del gentío. Todo el miedo de la guerra, toda la angustia del hambre, todo el rencor de meses de muerte y de privaciones se dirigían ahora contra aquellos veintidós hombres y, singularmente, contra el que todos calificaban ya de tirano: Robespierre.

Él había dejado que le convirtieran en símbolo de una revolución que apenas si había podido controlar y ahora se le sacrificaba como expiación no sólo de sus culpas sino de los excesos de todos. Era el *deus ex machina* del espectáculo revolucionario, cuya muerte habría de ayudar a resolver la intrincada trama en que se hallaba sumido el país.

Una mujer se le acercó a la carreta en que iba y le gritó:

—¡Monstruo, en nombre de todas las madres yo te maldigo!

Y al pasar frente a la casa en que había vivido, hubo un nuevo alto para que un niño pintara la puerta con sangre de buey.

En la plaza de la Revolución se agitaba una muchedumbre que clamaba contra el Terror mientras que toda la maquinaria del Terror se disponía a acabar con quien lo había defendido. Uno a uno fueron subiendo al cadalso. Habían rodado ya veinte cabezas cuando le tocó el turno a Robespierre. Subió tambaleante, fue atado a la plancha y el verdugo le arrancó el vendaje que cubría su mandíbula herida. En toda la plaza resonó su rugido, parecido al de un tigre moribundo. El golpe certero de la guillotina acalló su dolor para siempre.

## La leyenda del buen bandolero

Una mañana del mes de febrero de 1926, el administrador del cementerio de la ciudad mexicana de El Parral hizo un macabro descubrimiento. Durante la noche, una de las tumbas había sido violada y el cadáver que yacía en ella desde hacía tres años, decapitado. No había rastro de la cabeza cercenada. La lápida rezaba el nombre de Doroteo Arango Arámbula, fallecido a los cuarenta y cinco años de edad. Pero todo el país había conocido al finado por un apodo que era ya leyenda: Pancho Villa.

El que fuera compañero suyo de revolución, Emiliano Zapata, hacía ya siete años que había sido acribillado a balazos en la hacienda de Chinameca; pero los campesinos mexicanos seguían negándose a darle por muerto. Los cuentos sobre su supuesta supervivencia corrían por tierras de toda Centroamérica y más allá, hasta el extremo de que, unos años después, los insurrectos campesinos de Ecuador enviaron una misión secreta a México con el encargo de entrevistarse con Zapata, al que aún creían vivo.

Sin embargo, la suerte póstuma de Pancho Villa discurrió por los mismos derroteros estrafalarios y tremendos que transitó su vida. No hubo masas de campesinos que le dieran por vivo sino una cuadrilla de ladrones de cadáveres que, cerca de las diez de la noche, como recordaría después uno de ellos, localizaron su féretro y, «sin sacarlo, nomás lo destaparon y con un cuchillo, yo creo que jalando los cabellos del difuntito, le cortaron el gaznate». La cabeza grande y engreñada de Pancho Villa fue arrojada a un saco y llevada en coche hasta un improvisado aeródromo donde la cargaron en un avión que despegó de inmediato, perdiéndose en el negro cielo rumbo a los Estados Unidos de América. El escándalo fue mayúsculo. Se acusó al general Francisco Durazo de haber planeado la profanación y de haber entregado la macabra mercancía a un ciudadano norteamericano, pero lo cierto es que se perdió el rastro y de la cabeza de Pancho Villa no volvió a saberse más.

El largo camino que llevó a Doroteo Arango a convertirse en un hombre tan adorado por sus seguidores como odiado por sus adversarios se inició en algún momento de su adolescencia aunque, como tantas otras cosas de su vida, resulta difícil asegurar qué fue lo que realmente ocurrió, a tal extremo se entremezclan realidad y leyenda.

Como a los bandoleros buenos de la Europa medieval (tal fue el caso del proscrito Robert Hode, huido de la justicia en el condado inglés de Nottingham el año 1253 y cuyas peripecias probablemente inspiraron el legendario personaje de Robin Hood), fueron los abusos de los grandes hacendados los que arrojaron al joven Doroteo, hijo de una familia humilde, a la senda de la delincuencia. El licenciado Rogelio Fernández Güell, que fue director de la Biblioteca Nacional de México, escribía en 1915, todavía en pleno apogeo de la fama de Villa, la historia que había oído contar a los hombres de éste cuando se reunían en torno a las hogueras nocturnas del campamento de los revolucionarios:

«Villa procedía de la sierra, donde había hecho vida de bandolero durante los últimos años, en lucha contra el Gobierno y contra la sociedad misma, a la que odiaba con toda su alma, considerándola como causa de sus desgracias. Pero no era un bandolero vulgar. Villa se lanzó a la sierra en virtud de un auto de prisión extendido contra él a consecuencia de haber intentado matar al seductor de su hermana, cacique de los más influyentes de Chihuahua.»

Si la defensa del honor de su hermana parece ser la razón de su conversión en bandolero, lo que no está tan claro es a quién hirió o mató realmente Villa. Los especialistas no se ponen de acuerdo. Para el biógrafo Víctor Alba, fue Agustín, el hijo del hacendado, quien violó en un trigal a la jovencita y Doroteo le mató a cuchilladas. Sin embargo, Margarita de Orellana explica que a quien sorprendió fue al dueño de la hacienda, contra quien disparó cinco veces, aunque sin llegar a matarle.

Lo cierto es que Doroteo tuvo que huir a la sierra y por ella vagó hasta que se tropezó con una partida de montañeses que se habían convertido en bandoleros y se unió a ella. El jefe de la banda era un antiguo maestro llamado Francisco Villa, a quien Doroteo profesaba una gran lealtad, como volvería a sucederle años más tarde, en el campo de la revolución, con Francisco Madero. En 1898, Francisco Villa murió durante un tiroteo con los guardias rurales y, ante su tumba, Doroteo Arango juró que su nombre nunca moriría. Desde ese día adoptó el de su jefe muerto y con el apelativo familiar de Pancho pasó efectivamente a la Historia. De todas formas, la casualidad había hecho que el tercer apellido de Doroteo también fuera Villa.

A principios del siglo XX, el bandolero Pancho Villa y su partida eran ya célebres en todo el norte mexicano, pero su vida seguía siendo dura y difícil. Estaba harto de vivir acosado como una alimaña, por eso decidió probar suerte de nuevo en la vida legal. Villa regresó a Chihuahua y comenzó a trabajar en la construcción, donde se ganó fama de buen obrero pues, contra lo que pudiera imaginarse dado su carácter explosivo, era abstemio y su trabajo por tanto no se resentía nunca por los requerimientos del tequila. En esa época conoció a la hija de un carnicero, llamada Lupita, y animado por el amor decidió cambiar de oficio, dedicándose a la venta de ganado a las carnicerías.

En esos remansos estaba su vida cuando en 1910 conoció a Francisco Madero, que estaba de visita en Chihuahua dentro de su campaña contra la dictadura del octogenario Porfirio Díaz. Pancho Villa quedó deslumbrado ante las proclamas revolucionarias de Madero y encontró en ellas el camino que le permitía saciar sus ansias de justicia y su espíritu belicoso sin caer de nuevo en la delincuencia: la revolución.

Si la fama de Pancho Villa como bandolero fue notable, su prestigio como revolucionario dio la vuelta al mundo. Su retrato es sin duda el de un singular carácter. De su fama de macho insaciable y seductor empedernido da cuenta el hecho de que, al poco de morir, cinco mujeres se declararan viudas suyas. Con una de ellas, Luz Corral, maestra de pueblo, se había casado en 1911. Con otra, Juana

Torres, a la que conoció dos años más tarde, tuvo dos hijos. Amores tremendos ambos, pero trufados de tantos otros que se hace imposible una contabilidad fiable, aunque algunos han apostado por una cifra total de amantes en torno a las setenta y cinco.

Su valentía en el combate y su astucia guerrillera se acreditaron en las numerosas batallas de las que salió victorioso. Algunas de ellas fundamentales, como la toma de Ciudad Juárez, en la que manifestó algunos de los otros rasgos de su carácter. El primero, su escasa disciplina: tomó la ciudad pese a que Madero le había ordenado no hacerlo. No menos llamativo era su espíritu selvático y violento. Villa era capaz de grandes gestos de generosidad, pero también de auténticas barbaridades. El secretario de Francisco Madero, Juan Sánchez Azcona, recordaba que al día siguiente de la toma de Ciudad Juárez, Villa estaba resolviendo asuntos de orden en la ciudad cuando un viejo se acercó hasta él, implorando:

—Señor coronel... me urge...

—Espérate —ordenó Villa y siguió conversando con sus subordinados.

Al poco rato, el anciano insistió:

—Señor coronel, su gente quiere quemar mi casa...

Villa se volvió como una fiera y le metió dos balas en el cuerpo. Después, volviéndose a Sánchez Azcona, se quejó:

—¡Ay, don Juanito, cómo le molestan a uno!

Esa ferocidad irreflexiva y brutal de la que hacía gala no le impidió, sin embargo, echarse él mismo a llorar y a implorar desesperadamente ante el pelotón de fusilamiento cuando, dos años después, su rival el general Huerta ordenó su ejecución por insubordinación. Villa salvó el pellejo en el último instante, tras sus humillantes súplicas, gracias a la aparición de un hermano de Madero que traía una carta del líder revolucionario en la que se le perdonaba la vida.

Convertido en victorioso general, Pancho Villa participó en todas las disputas internas de la revolución. Fue incondicional seguidor de Madero, cuya autoridad sólo puso en cuestión una vez, arrepintiéndose enseguida, tal y como confesó a Sánchez Azcona: «Ay, Juanito, estoy desesperado; he cometido una negra infamia y tengo mi corazón entre dos piedras.» Y, tras la muerte de Madero, tomó partido contra Carranza quien, con su moderación de hacendado, no atendía las demandas de los campesinos.

En esa lucha por llevar la revolución hasta los más pobres, Villa coincidió con Emiliano Zapata, el líder campesino del sur mexicano. Y en el mes de enero de 1915, los ejércitos de ambos tomaron la ciudad de México. La disparidad de sus figuras resultaba llamativa. Pancho Villa era grueso y alto, de grandes mostachos y rostro pletórico, vestía casaca militar cruzada por dos cananas y se tocaba con gorra de plato o con un casco salacot que le daba el aspecto de un explorador africano o de un militar inglés destinado en la India. Zapata, ataviado con indumentaria campesina, era menudo y su mirada intensa y recelosa asomaba bajo un gran sombrero charro.

Durante los pocos días que permanecieron en la capital hablaron de la necesidad de coordinar tropas y combates. Celebraron actos multitudinarios e incluso se fotografiaron en la sala de juntas de la presidencia de la república, sin que Villa pudiera resistir la tentación de sentarse en el sillón presidencial aunque fuera sólo por unos minutos. Pero ninguno de los dos quiso entonces asumir la dirección del país. «Yo no necesito puestos públicos porque no los sé lidiar —afirmó Villa, para concluir que— este rancho [México] está muy grande para nosotros.» Lo suyo era reivindicar derechos armas en mano. Emiliano Zapata, por su parte, tenía un proyecto más ambicioso: una reforma agraria radical. Pero era un proyecto para sus tierras del sur, no para toda la nación. De modo que decidieron retirarse, dejar el gobierno en manos de los políticos y volver cada cual a sus dominios. Habían tenido un sueño al alcance de la mano y lo habían dejado escapar.

Cuatro años más tarde, las tropas de Carranza aprovecharon la falta de unión entre zapatistas y villistas para acabar con la vida de Emiliano Zapata en una emboscada. Un año después, tras la muerte de Carranza, Villa, que había regresado a su antiguo oficio de bandolero, firmaba un acuerdo con el nuevo gobierno mexicano y abandonaba definitivamente las armas. Ya no sería más el héroe que las cámaras de cine norteamericanas habían seguido de batalla en batalla, como si de un astro de Hollywood se tratara.

Pero los rencores de su pasado le siguieron hasta la hacienda en la que vivía retirado y rodeado de niños, que fueron quizá la más noble de sus pasiones. A las doce del mediodía del 23 de julio de 1923, el coche Dodge en que viajaba junto a cuatro amigos de vuelta a la hacienda, fue tiroteado a su paso por El Parral. Doce balas acabaron con la vida de Pancho Villa, el Centauro del Norte. Cuatro de ellas se alojaron en su cabeza.

# El buque fantasma

Al inicio de su célebre *Manifiesto comunista*, Marx y Engels escribieron una frase no menos célebre: «Un fantasma recorre Europa, el fantasma del comunismo.» Medio siglo después, en el verano de 1905, la revolución se hizo símbolo en un barco que surcaba como un fantasma las aguas del mar Negro perseguido por la armada del zar: el acorazado *Potemkin*. Todavía faltaban más de diez años para que en 1917 se proclamara el primer Estado socialista de la Historia pero, durante trece días, el sublevado acorazado *Potemkin* paseó la bandera roja por las costas de Rusia y Rumania, acaparando la atención de los periódicos de todo el mundo y de las autoridades zaristas en especial, inquietas por el descontento y las protestas que, en esas mismas jornadas, se extendían por un país en guerra. El viejo orden se tambaleaba, las masas tomaban las calles y, por increíble que parezca, el origen de semejante estallido social estaba en un mísero plato de carne.

A finales del mes de junio de 1905, la tripulación del buque *Príncipe Potemkin Tavricheskey*, el acorazado más moderno de la armada rusa del mar Negro, todavía seguía indignada por las noticias que llegaban desde el Lejano Oriente. La guerra que la Rusia del zar Nicolás II libraba desde hacía un año contra Japón no podía ir peor. La armada rusa del Pacífico hacía un mes que había sido aniquilada por los cañones japoneses en el estrecho de Tsushima. En total, diecinueve barcos rusos hundidos, cinco más capturados, cinco mil hombres muertos y otros seis mil hechos prisioneros, entre ellos el almirante Rodjestvensky, comandante de la flota. Del otro lado, los japoneses tan sólo habían tenido ciento dieciséis bajas.

Semejante desastre era fiel reflejo del desánimo que cundía en la sociedad y en el ejército rusos, asfixiados por el autoritarismo del régimen zarista y desmoralizados por la guerra. La encarnizada disputa por la región china de Manchuria se saldaba con cientos de miles de muertos, heridos y prisioneros, fruto en gran medida de la propia incompetencia de una oficialidad obsoleta. A ello se unía la miseria que las penurias de la guerra había hecho crecer entre campesinos y obreros, de modo que tampoco habían tardado en multiplicarse las revueltas, los amotinamientos y las huelgas. A principios de ese año, una gran manifestación obrera se había dirigido hacia el Palacio de Invierno, en San Petersburgo, con el fin de entregar al zar Nicolás II un manifiesto en el que se denunciaba el despotismo del Gobierno y se exigían reformas económicas y políticas. El organizador de la marcha era un joven sacerdote ortodoxo llamado Gapon que desde hacía tiempo intentaba promover la formación de sindicatos obreros. El papel de los militantes del Partido Obrero Socialdemócrata ruso, tanto los de la tendencia menchevique como los de la tendencia bolchevique, era todavía minoritario. Sin embargo, la reacción del Gobierno, al ordenar a los cosacos abrir fuego contra los desarmados manifestantes causando casi un millar de muertos y más de dos mil heridos, contribuyó a radicalizar las protestas.

En el momento de la destrucción de la flota rusa, la ola de huelgas alcanzaba ya el cuarto de millón y las sublevaciones se extendían por todas las provincias del imperio, desde Finlandia y los países bálticos hasta el Caúcaso y Siberia.

Ese ambiente de agitación social gravitaba sobre la marinería del acorazado *Potemkin*, entre cuyos miembros no faltaban militantes socialistas. Pero a la hora del almuerzo del martes 27, el soliviantado ánimo de los marineros pasó del malestar a la abierta indignación. El rancho del día, siempre escaso y nauseabundo, les ofrecía un plato incomible: carne podrida.

Los marineros decidieron nombrar un comité que presentara su protesta ante el comandante del barco. Al frente del comité eligieron a Vakulenchuk quien, como le describiría la prensa, «era un conocido agitador socialdemócrata que el año anterior fue ya condenado en consejo de guerra por promover actos revolucionarios en Sebastopol».

Cuando los delegados se presentaron ante el comandante, la reacción de éste fue la que cabía esperar en un militar zarista. No sólo se negó a escucharles sino que consideró su mera presencia como una rebelión y allí mismo hizo ejecutar en el acto al bolchevique Vakulenchuk. El crimen terminó de enfurecer a los marineros, que se amotinaron y en pocos minutos redujeron a la oficialidad, haciéndose con el control del navío. Tras arriar la bandera imperial, izaron la bandera roja de la revolución cual modernos piratas libertarios, y como tales decidieron en asamblea cuál debía ser el destino del barco rebelde. El puerto más cercano era el de Sebastopol, pero el *Potemkin* puso proa a la ciudad de Odessa que se hallaba en plena huelga general. Allí esperaban encontrar la solidaridad de la población. El acorazado *Potemkin* iniciaba su legendario viaje.

Desde el momento en que el barco llegó a la rada del puerto de Odessa, bandera roja al viento, en la mañana del día siguiente, y se supo la noticia de la insurrección, una niebla de rumores y mentiras envolvió todos los actos de su tripulación. La censura rusa dificultaba las comunicaciones con el extranjero y los telegramas que llegaban a las capitales europeas eran contradictorios, cuando no absurdos, pero sí ofrecían una idea clara: Rusia se sumía poco a poco en el caos social.

Desde hacía varios días, la prensa de toda Europa se hacía eco de los graves disturbios de Polonia, entonces bajo dominio ruso. En la ciudad de Lodz, según el diario español *ABC*, se contaban «561 muertos, 300 de ellos judíos, y 700 heridos tras las colisiones entre el pueblo y las tropas». Las protestas también habían provocado «colisiones» entre manifestantes y policías en San Petersburgo y en Odessa. Y si las noticias hablaban de masacres perpetradas por cosacos y otras tropas, no faltaban tampoco las que hablaban de insubordinaciones como la acaecida en un regimiento de Lodz en el que «los oficiales han hecho notar que sus soldados se niegan a disparar contra el pueblo».

La entrada del *Potemkin* en Odessa fue recibida con la noticia de que la marinería «ha pasado a cuchillo a toda la oficialidad». También se hablaba de que el acorazado había bombardeado el puerto, produciendo un gigantesco incendio. Pero la realidad era otra. Tras una tensa noche de espera, los tripulantes del *Potemkin* decidieron dar sepultura al cadáver de Vakulenchuk. Para ello bajó al puerto una comisión encargada de llevar el cadáver al cementerio. Los obreros portuarios, que se hallaban en plena sublevación, decidieron sumarse al cortejo. Informaciones llegadas vía Londres explicaban que «el entierro dio lugar a una gran manifestación de duelo, compañeros del muerto llevaban el féretro a hombros, cubierto con la bandera de San Andrés. El clero siguió al féretro sin tropa ni policía y no se produjo ningún desorden durante la ceremonia». Al término de ésta, sin embargo, empezaron los enfrentamientos. Los reunidos empezaron a recorrer en manifestación la ciudad y el general Kohanov ordenó a sus tropas abrir fuego contra la muchedumbre, provocando una auténtica carnicería que quedaría inmortalizada, años después, en la reconstrucción de los hechos que llevó al cine el director soviético Sergei M. Eisenstein: la célebre escena de la matanza de la escalinata de Odessa en su filme *El acorazado Potemkin*.

La policía quiso arrestar a los marineros que habían bajado a tierra con el cadáver y la tensión creció al punto que desde el acorazado se disparó una disuasoria andanada de artillería, suficiente para que las autoridades dejaran a los marineros regresar al barco. El balance de la jornada era terrible, más de cinco mil víctimas entre heridos y muertos.

Mientras tanto, un aluvión de contradictorias noticias rodaba por los periódicos del mundo entero. En las mismas páginas que daban cuenta de los sucesos de Odessa se podía leer que «la escuadra de Sebastopol ha echado a pique al *Potemkin* con toda su tripulación a bordo» y, también, que «se ignora cuál es la situación del *Potemkin*». Sobre todo, cundían los rumores sobre otras insurrecciones en la marina.

Se hablaba de «amotinamientos en cuatro buques de Sebastopol» y «en la escuadra de Liban». Desde San Petersburgo se informaba que «la marinería se encuentra excitadísima». Y los obreros de varios puertos más se habían declarado en huelga. Pero, en verdad, ¿cuántos barcos se habían unido hasta ese momento a la rebelión del *Potemkin*? Sólo dos: el *Torpedero 267* y un barco de transporte de guerra llamado *Vasha*.

El sábado 1 de julio, tras dos días de disturbios en Odessa y de insistentes noticias sobre el hundimiento del *Potemkin* por la armada capitaneada por el almirante Kriegel, que había acudido a reducirlo, el corresponsal del *Daily Mail* en la ciudad lograba hacer llegar la verdad a sus directores: «No solamente no ha capitulado el *Potemkin* sino que se ha unido a él el acorazado *Georgi Pobiedonovtsev*.»

La flota de Kriegel se había negado a disparar contra el *Potemkin*, y el almirante, temeroso de un motín general en su armada, se había retirado sin lograr evitar que uno de sus navíos se uniera a los sublevados. Las informaciones insistían en la existencia de una vasta conjura revolucionaria en el seno del Ejército imperial, pero lo cierto era que las rebeliones habían sido espontáneas y que los amotinados, mal organizados y en su mayoría con escasa preparación política, no sabían qué hacer ahora con su flotilla insurrecta.

Al día siguiente, el *Potemkin*, el *Georgi Pobiedonovtsev* y el *Torpedero 267* soltaban amarras para abandonar Odessa. La insurrección de la ciudad no conseguía prosperar, y el riesgo de que la armada regresara era muy alto. Pero en la salida de la rada, una mala maniobra de uno de los oficiales del *Pobiedonovtsev* hizo encallar el navío en un banco de arena, poniendo fin así a su aventura. Los otros dos barcos se hicieron a la mar y, la misma tarde de aquel domingo, llegaron al puerto rumano de Constanza. El comandante del puerto, «a quien hicieron los honores», según relataban los corresponsales en Bucarest, subió a bordo del *Potemkin* para averiguar las intenciones de sus tripulantes. Los amotinados pidieron carbón y víveres, pero ambas cosas les fueron negadas.

Tras una nueva noche de tensión, al día siguiente se les permitió tomar provisiones con la condición de que abandonaran de inmediato Constanza. Aquella misma mañana, el acorazado *Pobiedonovtsev*, todavía encallado a la entrada del puerto de Odessa, se rendía a la armada del zar. Sesenta y siete de sus tripulantes, considerados los promotores de la insurrección, eran enviados a la prisión de Kerch. Según publicaba la prensa: «Se cree que serán fusilados.»

El martes, el *Torpedero 267* y el acorazado *Potemkin* (cuya tripulación había aparecido retratada al pie de los cañones del navío en fotografías que la mostraban más expectante que violenta) abandonaron el puerto de Constanza y desaparecieron en el mar con rumbo desconocido. Los rumores volvieron a dispararse. Se hablaba de que iban a entregarse. Se decía que el almirante Kriegel, cuya armada había hecho un ridículo mayúsculo en la persecución del *Potemkin*, se había suicidado. Se hablaba de más motines en otros buques. Y las diplomacias de Rumania, Rusia y Turquía trataban de coordinar esfuerzos para localizar a los dos barcos. Al día siguiente llegaba al fin un noticia cierta: el *Potemkin* y el *Torpedero 267* acababan de arribar al puerto de Teodosia. Y allí permanecieron hasta el viernes.

Cuando volvieron a zarpar, ya se contaba en la prensa que la ciudad de Teodosia estaba en llamas por los disparos de los barcos revolucionarios y que a bordo del *Potemkin* se había declarado el tifus. Sin embargo, al poco se reconocería que «el *Potemkin* no había causado daño a la ciudad».

Con el estrecho del Bósforo vigilado, el mar Negro se había convertido en una gigantesca trampa para los marineros sublevados, cuya peripecia, a los ojos de los gobernantes de los diferentes países ribereños, constituía un ejemplo de desobediencia que no debía cundir. No tenían otra salida que la rendición, pero ¿a quién? En la hora final cada barco decidió tomar un rumbo diferente. Mientras el *Torpedero 267* se dirigía al puerto ruso de Sebastopol, la tripulación del *Potemkin* puso proa de nuevo al puerto rumano de Constanza, al que llegaron aquel mismo viernes 8 de julio.

El líder de los marineros del *Potemkin*, un maquinista llamado Matsuchenko al que las fotos muestran como un hombre de baja estatura y complexión fuerte con la cabeza grande, la nariz de boxeador y la mirada penetrante, encabezó la delegación que negoció la rendición con las autoridades rumanas, que les prometieron pasaportes de emigrados para que pudieran salir del país.

El sueño había llegado a su fin. Antes de abandonar el barco, los marineros del *Potemkin* hicieron pública una proclama contra «las injusticias del régimen autocrático»; en ella solicitaban «el fin de la guerra y la pronta reunión de una asamblea constituyente» que redactase una Constitución democrática para Rusia. Al bajar a tierra se contaron setecientos cuarenta tripulantes. La dotación del acorazado en el momento del motín era de setecientos cuarenta y uno: los sesenta y siete oficiales supuestamente asesinados por los amotinados habían estado en realidad encerrados en las bodegas del barco. Sólo faltaba el ejecutado marinero Vakulenchuk.

Dos días después, el *Torpedero 267* se rendía a la armada del zar, cerca de Sebastopol. Y un mes más tarde, los marineros del acorazado *Potemkin*, que finalmente habían sido entregados a las autoridades rusas pese a las promesas recibidas, eran sometidos a juicio. Ocho de ellos fueron condenados a muerte.

# Historia en negro

Ésta es la historia de Detroit Red, el negro guaperas y repeinado que trapicheaba con todo en el neoyorquino barrio de Harlem o en el gueto de Boston, durante los años de la Segunda Guerra Mundial. Alto y fornido, con el pelo rojizo que le valía su apodo, lucía los llamativos trajes de los tipos duros de los bajos fondos: pantalón azul cielo muy ancho en las rodillas y estrecho en los tobillos, chaqueta larga entallada y sombrero azul con una pluma en la cinta. Una cadena de reloj, chapada en oro, asomaba ostentosamente bajo el dobladillo de la chaqueta.

Detroit Red había llegado en 1941 a Boston desde Mason, en el estado de Michigan, cuando apenas tenía dieciséis años, envuelto en un inconfundible aire pueblerino. Se había alojado en casa de su hermanastra Ella, mayor que él, grande y tan buenaza como mandona. Vivían entre negros que se esforzaban en lograr una posición social, negros de los que decían «trabajo en un banco», cuando eran porteros de un banco, o «vivo con una familia de ancianos» si eran criados o cocineras en casa de blancos. Pero Detroit Red no tardó en empezar a frecuentar los ambientes más canallas del gueto, primero como limpiabotas de una sala de baile y muy pronto como pequeño contrabandista de alcohol y marihuana.

Su ingenuidad de paleto curioso fue desgastándose en la pista de baile y acabó por evaporarse con el humo de los cigarrillos de marihuana que él mismo consumía. La noche de Boston le enseñó también que las rígidas barreras del racismo reinante en Estados Unidos se levantaban parcialmente en la oscuridad: una extraña fiebre sexual, azuzada por el tabú, llevaba a los hombres blancos a comprar los favores de las prostitutas negras, a las mujeres blancas a buscar los amoríos con hombres negros y a éstos a hacer de sus amigas blancas un atributo de categoría social que exhibir en los mentideros nocturnos del gueto. Era tal la afición de los hombres negros a las mujeres blancas que, años después, Detroit Red recordaría cómo su amigo Shorty «estaba tan obsesionado por su amiguita que cuando apagábamos la luz subía la persiana para ver su carne blanca a la luz de las farolas». Por su parte, Detroit paseaba con orgullo a su novia blanca que, para colmo de envidias, era una chica de familia bien.

Era tal el afán de blanquearse que invadía a los negros del hampa bostoniana que no dudaban en someterse a auténticas torturas con tal de alisarse el pelo. El propio Detroit Red describió el brutal tratamiento a que se sometió: su amigo Shorty, tras preparar un engrudo a base de patatas, sosa cáustica y huevos, le dijo que se sentara, le ató un delantal, le untó el cuero cabelludo con vaselina y se puso unos guantes de caucho. «Cuando te lo ponga en la cabeza —le explicó—, te quemará muchísimo, pero cuanto más aguantes, más liso te quedará el pelo.» Comenzó la operación. «Sentí un calor agradable. Poco después la cabeza me ardía. Apreté los dientes y me cogí con todas mis fuerzas a los bordes de la cocina. Tenía la impresión de que el peine me arrancaba la piel. Me lloraban los ojos, se me taponaba la nariz. No podía más. Me arrojé sobre el lavabo.»

El tormento había valido la pena, por fin tenía el pelo liso y pegado a la cabeza. Años después, no podría evitar reírse de sí mismo: «¡Qué ridículo era! Admiraba en el espejo a un negro con cabellos de blanco.» Y con esos mismos cabellos se trasladó a Harlem, donde se alojó en una enorme casa de Saint Nicholas Avenue habitada mayoritariamente por prostitutas. Pronto empezó a trabajar de guía sexual para blancos adinerados que buscaban placeres fuertes en la noche de Harlem, y entre marihuana y cocaína supo de las singulares preferencias de los poderosos de la raza superior: sesiones de latigazos, mirones que gustaban de ver copular a un negro con una blanca, o aburridas esposas de políticos y de hombres de negocios que alquilaban a gigolós negros y les hacían entrar en sus casas so pretexto de llevarles un paquete.

La vida de Detroit Red comenzó a complicarse cuando entró

en el negocio de las apuestas clandestinas y un malentendido hizo que su jefe creyera que le engañaba. Durante varios días recorrió aterrorizado el barrio, pistola en mano y atiborrado de drogas para mantenerse en tensión, jugando al gato y al ratón con sus perseguidores, hasta que su viejo amigo Shorty vino a rescatarle y juntos regresaron a Boston. Allí se dedicaron a desvalijar casas, en compañía de su antigua novia blanca y de la hermana de ésta, hasta que la policía le detuvo siguiendo la pista de un lujoso reloj que había robado. De esa manera, a los veintiún años, Detroit Red fue a parar entre rejas, más culpable si cabe del escándalo de sus amores con una blanca que de sus robos. Volvía a estar encerrado, como cuando todavía se llamaba Malcolm Little, tenía trece años de edad y fue a parar al reformatorio de Mason, en Michigan.

Ésta es la historia de Malcolm Little, el niño negro de piel clara y pelo rojizo que fue víctima del racismo incluso antes de nacer, que supo del hambre, de los riesgos de recibir ayuda de los blancos y de las razones por las que un niño negro nunca podría ser abogado.

Malcolm Little nació el 19 de mayo de 1925 en Omaha, pero «cuando todavía estaba en el vientre de mi madre, una banda de caballeros del Ku-Klux-Klan encapuchados entró en nuestra casa, profirieron amenazas y galoparon alrededor de ella rompiendo todos los cristales que pudieron con las culatas de sus fusiles». Aquél fue el primero de los muchos ataques que habría de sufrir en su vida.

Al poco de nacer él, la familia comenzó una serie de mudanzas, de ciudad en ciudad, hasta asentarse en Lansing, dentro del estado de Michigan. Y, en todas partes, los mítines y las ceremonias religiosas que oficiaba su padre, un reverendo pastor bautista entusiasta seguidor de las tesis del líder negro Marcus Garvey, defensor de la superioridad de la raza negra y del regreso a África, les acarrearon problemas. De su padre heredó Malcolm Little el tesón y la firmeza en sus convicciones: «Yo me sentía muy orgulloso de la cruzada militante de mi padre. Muy joven aún, sabía, por lo que oía decir, que mi padre decía cosas que hacían de él un "duro".»

Un día su padre salió de la casa y cuando volvieron a saber de él yacía en una camilla del hospital, cubierto por una sábana, con media cabeza aplastada y el cuerpo casi partido en dos. Unos blancos le habían dado una brutal paliza y habían abandonado después su cuerpo sobre las vías del tranvía, que lo arrolló. La viuda se quedó a cargo de siete niños sin más recursos que los que le proporcionó uno de los dos seguros de vida que había suscrito su esposo (el otro se negaron a pagárselo aduciendo que la causa de la muerte podía haber sido suicidio), pero aquel dinero no tardó en evaporarse. Mujer nerviosa y de arraigado orgullo, la creciente pobreza, que le obligó a pedir ayuda a la Asistencia Social, empujó a la madre de Malcolm Little a una aguda depresión nerviosa.

Antes de que los blancos funcionarios de la Asistencia Social hubieran acabado de inmiscuirse en los problemas familiares, Malcolm Little se había visto obligado ya a robar de vez en cuando fruta para tener algo que llevarse a la boca. Su madre empezó a desvariar y a lanzarse a interminables monólogos que la hacían descuidar tanto a los niños como a la casa. Por fin fue ingresada en el manicomio de Kalamazoo, en el que permaneció recluida durante veinticinco años, mientras sus hijos eran repartidos entre varias familias. Malcolm Little tenía once años y fue a parar a casa de unos amigos, donde disfrutó de unos pocos meses de paz. En la escuela coincidía con su hermano Philbert, que era buen boxeador. Malcolm quiso imitarle, pero dos rotundas palizas a manos de un rival blanco le quitaron definitivamente la idea de la cabeza. Desgraciadamente, no hubo nadie que le quitara la de ponerle un clavo en el asiento de la silla al profesor de Historia. De modo que, además de ser expulsado del colegio, fue enviado al reformatorio de Mason.

La fortuna hizo que la institución estuviera dirigida por un matrimonio blanco que, según el mismo Malcolm, «eran muy buenas personas». Así, él se convirtió en una especie de mascota del lugar, un «negrito» que se esforzaba por aprender y al que pronto se permitió acudir a la escuela del pueblo. En sus aulas, la alegría y la conformidad de Malcolm Little se estrellaron contra la realidad: por muy bien que le trataran, él sólo era un negro. El encargado de hacérselo saber fue el profesor de Literatura, el día en que le preguntó qué pensaba ser de mayor:

«Le dije que quería ser abogado. El señor Ostrowski se quedó sorprendido. Sonriendo me dijo: "Malcolm, en la vida hay que ser ante todo realista. Aquí todos te queremos, ya lo sabes, pero tú eres un *nigger*. Ser abogado no es una ambición realista para un *nigger*. Tienes unas manos muy hábiles. ¿Por qué no te haces carpintero?"»

Que aquel niño negro de cabellos rojizos fuera el alumno con mejores notas de la clase no bastaba para que pudiera llegar a convertirse en un hombre de prestigio. En su autobiografía, Malcolm afirmaría que «fue entonces cuando empecé a cambiar interiormente», pero ése sería un proceso de transformación largo. Y, mucho antes de concluirlo, abandonó el reformatorio y se trasladó a Boston. Lo que el profesor Ostrowski no podía imaginar es que, con el tiempo, cuando Malcolm Little hubiera cambiado su nombre por el de Malcolm X, una multitud de alumnos y profesores universitarios se reunirían en la prestigiosa Universidad de Harvard para escucharle pronunciar una conferencia en la que proclamaba su orgullo de ser negro.

Ésta es la historia de Malcolm X, el líder negro que clamó contra los diablos blancos, que reclamó el derecho a la violencia, que creyó ciegamente en el islam y en que el pueblo negro era el elegido de Alá, pero que vio su vida truncada cuando al fin había encontrado un equilibrio entre la radicalidad de sus ideas y la necesidad de buscar un punto de encuentro entre blancos y negros.

Malcolm X volvió a nacer en la soledad de la cárcel en que cumplía condena de diez años por robo, tras sus andanzas por Boston y Harlem. Es en la desesperación, en la desmesura y en los propios abismos donde se forja definitivamente el carácter de algunos excepcionales seres humanos; de ese descenso a los infiernos se vuelve completamente corrompido o iluminado con la propia verdad, por terrible que ésta sea, y dispuesto a hacer de la dignidad humana el martillo destructor de la doble moral de toda sociedad establecida. «Ningún negro americano se había hundido tan profundamente en el fango como yo —confesaba Malcolm X poco antes de su muerte—, pero la luz más pura brilla siempre después de la noche más profunda; hay que haber conocido la esclavitud y la cárcel para disfrutar plenamente de la libertad.»

Y en la cárcel, donde su desesperación y agresividad le habían valido el mote de Satán, Malcolm X supo, a través de las cartas de sus hermanos, de la existencia de una organización llamada Nación del Islam, a la que éstos se habían adherido. El líder de la misma, Elijah Muhammed, predicaba el orgullo negro, afirmaba que el Primer Hombre había sido de raza negra y que el demonio vivía encarnado en los hombres blancos. Su reivindicación era la absoluta separación de razas y exigía que se entregara un estado del sur (California o Florida) a los negros norteamericanos, para que pudieran vivir independientes.

Malcolm Little, alias Detroit Red, alias Satán, se convirtió fervorosamente al islam, dedicó sus años de prisión al estudio y la lectura, y salió con tal brío de la cárcel que no tardó en convertirse en portavoz de la Nación del Islam y brazo derecho de Elijah Muhammed. Abandonó las drogas y el alcohol, contrajo matrimonio y se cambió de nombre. Ahora se llamaría Malcolm X y esa X representaba a todos los negros que habían perdido su nombre al ser arrancados de África y llevados como esclavos a América. Era más que un cambio de nombre, era una proclama: los negros tenían que liberarse de toda ligazón con los blancos, incluso de los apellidos que éstos les habían dado.

La radicalidad de su discurso, que proclamaba el odio racial contra todos los blancos sin distinción, le llevó a enfrentarse a los sectores de la comunidad negra que pretendían una integración en la sociedad norteamericana en igualdad de derechos y que, tomando la no violencia por lema, tenían como líder a Martin Luther King.

Sin embargo, también la Nación del Islam acabó decepcionando a Malcolm X. A finales de 1963 fue cesado como portavoz de la misma. No sólo había descubierto que su admirado Elijah Muhammed tenía una visión mesiánica de sí mismo, sino también que su idea de altruismo incluía dejar embarazadas a sus secretarias. Malcolm X fundó su propio grupo, siempre fiel al islam, religión en l [illegible] undo negro como el pú- gil [illegible] ca de sus posiciones que le ll [illegible] bían trabajar cada cual con [illegible] n mismo objetivo: el fin de t [illegible]

[illegible] evitó que su figura si- guie [illegible] s blancos, al que vino a unir [illegible] uos correligionarios de la N [illegible] en Estados Unidos ha- bían [illegible] te los años sesenta que el m [illegible] dos son radicalmente opue [illegible] King, apóstol de la no viole [illegible] poner de relieve la bru- talida [illegible] ero en la atmósfera que reina [illegible] cuál de los dos "extre- mista [illegible] olento Macolm X, mo- rirá p [illegible]

El [illegible] s que decían pertenecer a la Nación del Islam le dieron la respuesta, acribillándole con dieciséis balazos durante un mitin en Nueva York. El doctor King le seguiría tres años después, víctima de otro atentado que quedó sin resolver, como ya había sucedido en el campo de los líderes blancos con los asesinatos del presidente John Fitzgerald Kennedy y del hermano de éste, Bobby.

Una semana antes de ser tiroteado, unos desconocidos atacaron la casa de Malcolm X, al igual que la noche en Omaha cuando él aún no había nacido. Tras su muerte se habló de participación del FBI o de la CIA en su asesinato, extremo que quedó sin esclarecer aunque sí se sabe que sus verdugos fueron realmente radicales vinculados a la Nación del Islam. Sobre su tumba, una lápida reza su nombre islámico, el que quiso dejar a la posteridad: El-Hadj Malik El-Jhabbazz. Pero la Historia ha querido que sea la anónima X de su apellido la que perviva en la memoria de los hombres.

# Los poderosos

# El gran inquisidor

Si alguien se animara alguna vez a escribir la crónica criminal de las buenas intenciones, sin lugar a dudas la figura del dominico español Tomás de Torquemada ocuparía en ella un lugar central. Pocas veces la virtud (por decirlo en los términos en que se expresaría trescientos años después el líder revolucionario francés Maximilian Robespierre) ha causado tanto sufrimiento al aliarse con la intolerancia. Sin embargo, como sucede siempre, para que un fanático virtuoso despliegue todo su potencial dañino es necesario que reciba el impulso y la aquiescencia de los poderosos de su tiempo: necesita un marco político en el que sus instintos purificadores y violentos puedan ser considerados de utilidad para el gobierno de la sociedad. Ésa es la razón que explica por qué la figura de fray Tomás de Torquemada sólo alcanzó una dimensión pública en España cuando contaba ya sesenta y dos años de edad.

Tomás de Torquemada había nacido en Valladolid, en el seno de una noble familia castellana, el año de 1420. Los reinos de la península Ibérica conocieron en los años siguientes una agitación constante motivada por tres grandes acontecimientos: la disputa con Portugal por la corona del reino de Castilla, la histeria colectiva antisemita y la consolidación del proyecto político de alianza de los reinos de Castilla y Aragón desarrollado por los Reyes Católicos. Sin la influencia de esos acontecimientos militares, sociales y políticos quizá la vida de Torquemada hubiera seguido siendo la de un simple religioso dedicado a las pías labores del convento. Pero no fue así.

Tomás de Torquemada ingresó joven en la Iglesia como miembro de la orden de los dominicos, en el convento de San Pablo de Valladolid. Y en las oscuras soledades de la vida monacal desarrolló su carrera eclesiástica, con la lentitud que le es propia, hasta que, mediada la década de 1470, fue nombrado prior del convento de la Santa Cruz de Segovia.

El historiador Houillon describe a Torquemada como «un hombre místico, despegado de las contingencias de este mundo, muy estricto tanto consigo mismo como con los demás, e incorruptible». Sin embargo, su nombramiento de prior reveló que había una tentación a la que no sabía resistirse: la del poder. Pero no un poder mundano al servicio del lucro o de la ostentación, sino un poder que le permitiera llevar a cabo las aspiraciones de su fanatismo religioso.

Desde el año 1474, la ciudad de Segovia se había convertido en una pieza clave del reino de Castilla. En aquel año, la princesa Isabel, hermana del fallecido rey Enrique IV, se había hecho coronar reina de Castilla al amparo del gobernador del alcázar de la villa, don Andrés de Cabrera, que era esposo de su amiga Beatriz Galindo. De esa manera, Isabel había pillado por sorpresa a los nobles que desde hacía décadas venían socavando el poder del rey de Castilla. Para ello, los nobles se habían dedicado a ridiculizar a Juana, la hija de Enrique IV y legítima heredera del trono, apodándola despectivamente la Beltraneja en alusión al valido del rey, don Juan de Beltrán, del que afirmaban que era su verdadero padre. A fin de menoscabarla empezaron a propagar la idea de que tal vez fuera la hermana del rey, Isabel, quien debiera recibir la corona en lugar de la bastarda. Contaban con que la inexperiencia y la condición de mujer de la hermana del fallecido monarca les facilitaría una negociación de la que podrían salir beneficiados con nuevos privilegios. Cuando comprobaron que Isabel no era la criatura fácil de dominar que ellos imaginaban y que se había hecho coronar sin contar con su aquiescencia, era ya demasiado tarde.

Durante algunos años, aquellos mismos nobles, encabezados por el marqués de Villena y apoyados por el ejército del rey de Portugal, pasaron a apoyar las aspiraciones al trono de la Beltraneja y combatieron en guerra abierta contra la reina Isabel, para quien Segovia era su verdadero bastión político. Por ello no tuvo nada de raro que el nuevo prior del convento de la Santa Cruz de esta ciudad se convirtiera pronto en confesor del secretario de la reina, don Hernán Núñez de Arnalt. El dominico entraba así en la esfera del poder real, de cuyo favor gozaba ya abiertamente cinco años más tarde, cuando recibió el encargo de ocuparse de la fundación del monasterio de Santo Tomás de Ávila.

Pero si Segovia fue la ocasión, el fanatismo religioso de Torquemada estaba ya forjado desde antes y hundía sus raíces en la compleja realidad de unos reinos en los que coexistían a duras penas credos religiosos diferentes. Tomás no era el primer miembro de su familia que elegía el camino de la Iglesia. Su tío Juan de Torquemada era cardenal, pero había algo inquietante en él: su origen judío converso. La constante presión que sufría la comunidad hebrea, cuya expresión más brutal fueron las matanzas de judíos acaecidas en el año 1391, había acabado forzando la conversión al cristianismo de casi la mitad de los cuatrocientos mil judíos que habitaban en los reinos cristianos de España. El origen judío de muchos conversos seguía siendo, sin embargo, una mácula y en quienes emparentaban con ellos, cual era el caso de Tomás de Torquemada, lejos de sembrar la tolerancia en el carácter venía a veces a espolear un ideal obsesivo de pureza religiosa cristiana para España.

Ciertamente, muchos de los judíos conversos debían su nueva religión al miedo más que a la fe y su cristianismo era poco ortodoxo cuando no completamente fingido. Por otra parte, muchos cristianos viejos codiciaban los bienes y propiedades de los judíos, ya se hubieran convertido éstos o no, de forma que buscaban la menor excusa para acusar de herejía a los conversos a la vez que seguían hostigando a quienes perseveraban en la religión de Moisés.

Como telón de fondo de tales conflictos se dibujaba el propósito de los Reyes Católicos de unificar religiosamente sus reinos, una vez que lograran derrotar a los musulmanes del reino de Granada. Para ello obtuvieron del papa Sixto IV la bula para crear una nueva Inquisición, a imitación de las que ya se habían autorizado antes (como la que en el año 1233 permitió la persecución de los albigenses), con el propósito de castigar las conductas heréticas de los cristianos nuevos. De ese modo, los judíos pasaron a sufrir un doble acoso. Los conversos correrían el riesgo de caer en manos de la Inquisición al menor descuido o, simplemente, por las falsas acusaciones de sus vecinos, mientras que aquellos que no se habían convertido sufrían a menudo las violencias de los cristianos viejos, por mucho que los reyes les tuvieran nominalmente bajo su amparo.

En el año de 1482 se puso en marcha la Inquisición española, pese a los esfuerzos en su contra de fray Hernando de Talavera, el confesor de la reina. Tomás de Torquemada fue designado inquisidor general y, además, sustituyó a aquél como confesor real. Según el cronista Juan de la Cruz, Isabel de Castilla le escogió porque «fue informada de su prudencia, rectitud y santidad». Aquel nuevo cargo favoreció que la opinión de Torquemada pesara decisivamente sobre la reina, quien bien pronto tuvo ocasión de percatarse de la severidad de su confesor pues Torquemada, que doblaba en edad a los monarcas, fue de las pocas personas que se atrevieron a amonestar, incluso públicamente, a los todopoderosos Reyes Católicos. No tuvo empacho en forzar a la reina a atender asuntos que él juzgaba de importancia incluso cuando ella estaba en trance de parir; y, enterado en otra ocasión de las ofertas económicas que hacían los conversos para evitar su persecución, se presentó ante los reyes con un crucifijo en las manos y aire grave. Según cuenta la anécdota, les dijo:

«Señores, aquí traigo a Jesucristo, a quien Judas vendió por treinta dineros y le entregó a sus perseguidores; si os parece bien, vendedle vosotros por más precio y entregadle a sus enemigos, que yo me descargo de este oficio; vosotros daréis a Dios cuentas de vuestro contrato.»

Y dejándoles el crucifijo en la sala abandonó el palacio.

La misión, pues, que los reyes encomendaron a un hombre tan riguroso como Torquemada presagiaba ya desdichas para la comunidad judía española. A él le correspondía definir los objetivos y métodos de la nueva Inquisición y enseguida demostró haber comprendido el doble papel que ésta debía jugar al servicio tanto de la Iglesia como de la corona. Así, la Inquisición no tardó en mostrarse no sólo como un arma de purificación religiosa, sino también como un formidable aparato de control político que, adelantándose a las terribles prácticas totalitarias del siglo XX, promovía entre la población la delación de sus vecinos y aún de sus propios parientes. La Inquisición no empleaba métodos más crueles que los de la justicia ordinaria, pero su fría organización burocrática, en la que hasta las torturas estaban detalladas y medidas milimétricamente, y el secretismo que rodeaba sus procesos la convertían en una amenazadora sombra y le permitían ejercer una eficaz pedagogía del miedo.

Fue Torquemada quien convenció a los Reyes Católicos de la conveniencia de que la nueva Inquisición dependiera de la corona y no del papa como había sucedido con las anteriores, y con ello encontró el apoyo de muchos clérigos que veían abrirse ante sí la posibilidad de conseguir poder como inquisidores a la vez que, de paso, escapaban al control de los obispos. Más aún, algunos de los obispos que eran de origen judeoconverso, como el de Calahorra, sufrieron en sus propias carnes la persecución inquisitorial.

Auspiciados por Torquemada, que desoyó sistemáticamente las críticas que tanto desde la nobleza como desde el mismo entorno real se vertieron contra sus métodos, el Santo Oficio se llenó de siniestros personajes dados a la arbitrariedad y a un rigorismo despiadado. Entre los más feroces había algunos cuyo origen era precisamente judeoconverso. Tal fue el caso de Alonso de Espina y de Alonso de Cartagena, quien no dudó en escribir:

«Si algún cristiano nuevo hay que mal use, yo seré el primero que traeré la leña en que lo quemen y daré el fuego.»

El antijudaísmo militante de aquellos conversos se debía, en opinión de historiadores como Joseph Pérez, «al deseo de distinguirse de los falsos cristianos mediante la severa denuncia de sus errores». Regla de oro de la abyección humana ésta de que los más intransigentes ortodoxos sean precisamente quienes han abjurado de anteriores creencias.

Obra de Torquemada fueron las Instrucciones del Oficio de la Santa Inquisición, elaboradas en Sevilla en 1484. Y su opinión fue decisiva a la hora de animar a los Reyes Católicos a decretar la expulsión de los judíos no convertidos, tras la conquista de Granada en 1492, lo que llevó al exilio a más de cien mil judíos y a una forzada conversión a otros tantos.

Pero aquel momento de plenitud en el que los reinos hispánicos limpiaban su sangre de la corrupta herencia de los herejes para mayor gloria del Señor, y en el que él, como Inquisidor General, ejercía de verdadero pastor de las almas de súbditos y señores, se vio truncado dos años después cuando Tomás de Torquemada cayó enfermo.

Con la ayuda de cuatro obispos, Torquemada siguió en su cargo durante dos años más al cabo de los cuales se retiró al convento de Santo Tomás de Ávila que él mismo había fundado. Sin embargo, aún tuvo energías para convocar de nuevo a los inquisidores y para redactar nuevas instrucciones de funcionamiento del Santo Oficio.

La muerte le sorprendió el 16 de septiembre de 1498. Fray Diego de Deza le sucedió en el cargo de Inquisidor General, pero su obra ya estaba concluida: la Inquisición era una realidad consolidada. Sólo durante los primeros dieciocho años de su existencia, el Santo Oficio dio muerte en la hoguera a dos mil personas, según las cifras más moderadas recogidas por los historiadores, y procesó a otras veinticinco mil. Hasta su abolición, en el año de 1834, acabó con la vida de más de cuarenta mil personas, aunque esta cifra no da idea cabal de su papel. Otras matanzas la igualaron o superaron en número en tierras de Europa durante aquellos años. La terrible herencia de la Inquisición de Torquemada fue que marcó trágicamente la vida española con un sello de intolerancia e introdujo en la vida política, religiosa y social de la modernidad europea una mentalidad, denominada inquisitorial, que habría de sobrevivirla hasta nuestros días.

# Ciudadano Capone

Era una madrugada de agosto de 1922. Ya se intuía la primera claridad del día y la ciudad de Chicago comenzaba a desperezarse al igual que el taxista Fred Krause, quien acababa de abandonar su hogar en la avenida Drake para tomar su automóvil e iniciar una nueva jornada de trabajo. Fue caminando hasta el lugar donde lo tenía aparcado, en el cruce entre East Randolph Street y la avenida North Wabash. Allí estaba su automóvil y, aunque él no lo sabía, allí iba a quedarse convertido en chatarra. Unos instantes después que de Krause se sentara al volante, un llamativo automóvil, que recorría la calle Randolph como si estuviese en el circuito de Indianápolis, vino a estrellarse contra el suyo justo en el momento en que iniciaba la maniobra para desaparcar.

Atontado aún por el impacto, Fred Krause pudo ver que del otro automóvil descendían una mujer y cuatro hombres; uno de ellos era un tipo fornido de unos veinticinco años de edad, cabeza redonda, cejas pobladas y una nada tranquilizadora cicatriz que le cruzaba la mejilla, que se dirigió hacia él enfurecido, gritándole que iba a pegarle un tiro. En la mano derecha empuñaba un revólver y con la izquierda agitaba ante sus ojos aturdidos un distintivo de delegado especial del *sheriff* de Chicago.

La llegada de un tranvía impidió que aquel energúmeno cumpliera su amenaza. El conductor del tranvía, al ver la escena, había detenido el convoy e intentaba persuadir al colérico delegado especial del *sheriff* para que guardara su revólver, aunque con escaso éxito pues, si bien éste se había olvidado del malherido taxista, el cañón de su arma se dirigía ahora hacia el pobre tranviario, prometiéndole un futuro de plomo y madera. Sólo la llegada de la policía logró poner fin al incidente, que se saldó con la detención del hombre armado y el traslado en ambulancia del taxista. Aquella misma tarde, el periódico *City News Bureau* daba cuenta de los hechos en una gacetilla.

Lo que ni el taxista Fred Krause ni el conductor de tranvía Patrick Bargall ni el anónimo gacetillero del *City News Bureau* podían saber en aquel momento era que el violento automovilista que acababa de cruzarse en sus vidas estaba llamado a cruzarse en la vida pública norteamericana, como Rey del Hampa, durante toda la década de los años veinte. Su nombre era Alphonse Capone y la historia de aquel accidente de tráfico ilustra con precisión algunos de los rasgos de carácter que contribuyeron a convertirle en el enemigo público número uno.

La cicatriz que surcaba su cara, y que le valdría el sobrenombre de Scarface (Caracortada), era un símbolo de sus aspiraciones personales. El joven Capone, que había nacido en Nápoles en 1899, creció como emigrante entre la pobreza del barrio neoyorquino de Five Points. Abandonó la escuela en el cuarto grado para ayudar a su familia a salir adelante. Pero salir adelante en Five Points no era empresa fácil y menos para un adolescente inquieto y pendenciero como Alphonse. Conoció como soldado la gran carnicería humana que supuso el verdadero cambio de siglo: la Gran Guerra de 1914. Y la pandilla de matones de Five Points, en la que ingresó a su regreso, le enseñó el camino fácil para hacerse con dinero y con el respeto social que genera el miedo. Realmente, la carrera de gánster era una tentación para unos chicos duros y sin escrúpulos crecidos entre miseria y corrupción. Fue precisamente su deseo de cortarse el pelo al modo que lo hacían los hombres de la mafia lo que motivó su cicatriz: el peluquero se negó a proporcionarle ese aspecto y, durante la pelea que se siguió, la navaja que aquél portaba en la mano dejó su brutal huella en el rostro de Capone. Una herida que, lejos de desanimarle, vino a convertirse en el permanente recordatorio de cuál era el camino que había elegido. Un camino que no tardó en conducirle a Chicago con la ayuda de Johnny Torrio, un antiguo jefe de la banda de Five Points que se había convertido en uno de los hombres fuertes del hampa de aquella ciudad.

En 1920, Torrio requirió los servicios del joven Alphonse. Confiaba en su dureza, su habilidad y su audacia para domar a la competencia en el negocio criminal de la ciudad, unificando y disciplinando a las diversas bandas mafiosas que operaban en ella. Y eliminando a quienes se resistieran.

La carrera delictiva de Al Capone, que todavía estaba en sus inicios la madrugada del accidente de coche, fue tan fulgurante y escandalosa como cabía esperar en la década de los años veinte, en la que el dinero fácil vivía la fiebre de la posguerra mundial. Pero no hubiera sido posible sin la coincidencia de varios factores sociales.

La violencia se había instalado en la vida pública de Chicago desde que, a finales del siglo XIX, algunos de los principales empresarios locales decidieran contratar matones para acabar a tiros con las huelgas de los trabajadores que reivindicaban la jornada laboral de ocho horas. Aquellas violencias dejaron un saldo de varios muertos y la decisión sindical de convocar anualmente la jornada del Primero de Mayo. Pero no faltaron tampoco sindicalistas que decidieron responder a los matones empresariales contratando sus propios matones, lo que dio lugar a un fenómeno de pistolerismo similar al que también se desarrollaba en Europa y, concretamente, en la Cataluña de principios de siglo. De ese caldo de violencia salieron fortalecidas tanto la mafia como las agencias de detectives como la Pinckerton, creada por un antiguo jefe de seguridad de la Guerra de Secesión y en la que trabajaría años después el escritor Dashiell Hammett, creador de la novela negra.

A semejante clima de crispación se sumó, en 1919, la Ley Seca. Con la aprobación de la ley que prohibía la venta y el consumo de bebidas alcohólicas, so pretexto de una campaña moral contra la droga, se consiguió de hecho que todo el comercio de alcoholes se sumergiera en el mercado negro. De ese modo, la venta de licores y cerveza se convertía en un pingüe e incontrolado negocio. Estados Unidos no dejó de beber, como tampoco ha dejado hoy de consumir hachís, cocaína o heroína, simplemente lo siguió haciendo de forma ilegal. Millones de personas se vieron obligadas a convertirse en delincuentes por el mero hecho de beber unos tragos, y los delincuentes de verdad hallaron el negocio del siglo, libre de impuestos. Un problema de salud pública, el alcoholismo, se convirtió así en un problema de orden público.

E impulsada por el viento de la violencia y del mercado negro, una ola de corrupción política sin precedentes, que afectaba tanto al partido republicano como al demócrata, ofrecía el margen de movimientos, cuando no el apoyo, necesario para que el delito cundiera con impunidad, por más que la prensa protestara. La placa de delegado especial del *sheriff* de Chicago que utilizaba Al Capone era una buena prueba de su «enchufe» político, de la connivencia entre el poder político y el mundo mafioso. Hasta el punto que, como señala F. D. Pasley, primer biógrafo de Capone, «detrás de las cuadrillas de la metralleta y las escopetas recortadas, dando nervio al brazo del asesino y del rufián, explotando el crimen y su botín, se encuentra el enchufe».

Ése fue, pues, el escenario del triunfo de Alphonse Capone. Un triunfo que, hasta 1931, le permitió extender las redes de su imperio criminal a la vez que se granjeaba la simpatía de la opinión pública de Chicago, agradecida a quien le daba de beber y poco dispuesta a preguntarse cuál era el precio en vidas humanas de las copas que consumía. En 1920, Capone había llegado a la ciudad con las manos vacías; nueve años después, su fortuna personal, según el propio fisco, se estimaba en veinte millones de dólares, de los de entonces.

Los pasos de su ascensión fueron decididos, certeros y crueles. En 1924 participó en el asesinato del mafioso rival O'Banion, acribillado a balazos en su tienda de flores. Dos años después, el 20 de septiembre, salió ileso de un brutal atentado en el restaurante Hawthorne. Los pistoleros de otro mafioso rival, Hymie Weiss, descargaron contra el restaurante desde sus coches un total de mil proyectiles, con el asombroso resultado de no matar a ninguno de los sesenta comensales que en él estaban, incluido Al Capone. Al mes siguiente, los matones de éste devolvían la visita a Weiss con más tino: de su cadáver se extrajeron doce balas. Ajustadas las cuentas, ese mismo mes Capone convocó en el Hotel Sherman a delegados de las cuatro principales bandas de gánsters de Chicago, con el fin de firmar una paz basada en el cese de asesinatos y palizas y el olvido de los ya cometidos. Se trataba de buscar un respiro para favorecer los negocios, y así se hizo durante un año. Después volvieron los tiros, pero Capone ya tenía consolidada su posición y en 1929 logró reunir a los jefes de toda la Mafia de Estados Unidos, en Atlantic City, para repartirse el mercado negro del país. En su opinión, el crimen debía considerarse como una empresa y había que aplicarle métodos empresariales. Un esquema llamado a perdurar aunque, en 1930, tuvo que demostrar que no había olvidado los viejos métodos haciendo acribillar al jefe mafioso Joseph Aiello, que previamente había intentado eliminarle a él. La mafia era ciertamente una empresa muy competitiva.

Capone se rodeó de un lujo desenfrenado, haciendo realidad los sueños de riqueza del chico de barrio bajo que había sido. Asistía a la ópera en un Cadillac especial, blindado como un tanque, que iba siempre precedido de un coche explorador y seguido de otro atestado de tiradores. Controlaba al alcalde de la ciudad, tenía media policía de Chicago sobornada y soplones en todos los bajos fondos. Vestía de forma chillona y exigía a sus matones elegancia y buenas maneras. Una tienda de muebles de segunda mano le servía de tapadera, pero hacía su vida en dos plantas de un lujoso hotel que tenía permanentemente alquiladas y, más tarde, en una no menos lujosa villa que compró al sur, en Miami. Sin embargo, tras la matanza del día de San Valentín de 1929 en que mandó acribillar en un garaje a siete hombres de la banda del North Side, la opinión pública comenzó a darle la espalda y ni siquiera los comedores para pobres, que hizo abrir a raíz de la Gran Depresión, bastaron para devolverle su antigua popularidad. Más de quinientos muertos en nueve años eran demasiados muertos, incluso para Chicago.

La gloria de Al Capone estaba llamada a ser efímera y no sólo por aquello de que el crimen siempre paga, cosa que como bien se sabe no siempre es verdad. Su problema era que, pese a la imagen de triunfador, nunca logró un triunfo pleno en el mundo del hampa. Jamás fue aceptado como capo de la Mafia de Estados Unidos, por muchos beneficios que hubiera aportado a ésta y por eficaces que fueran sus métodos empresariales. Él era napolitano y la Mafia seguía siendo cosa de sicilianos.

La policía le seguía los pasos desde finales de 1929, cuando el agente Eliot Ness recibió el encargo del fiscal del distrito, George Q. Johnson, de formar un equipo que debía dedicarse noche y día a una sola tarea: probar la participación de Capone en el tráfico de licores. Rodeado de hombres honestos y con una determinación a prueba de balas (literalmente, pues Eliot Ness sobrevivió a tres atentados durante su investigación), Ness se dedicó a localizar y destruir destilerías de Capone, obligándole así a comprar bebidas a precios cada vez más ruinosos. Pronto la brigada de Ness, conocida como Los Intocables, se convirtió en un auténtico quebradero de cabeza para Capone que veía cómo no sólo mermaba su prestigio social (Ness, para ridiculizarlo, llegó a organizar delante del hotel en el que aquél vivía un desfile de camiones confiscados), sino también los beneficios de su negocio. Pero el golpe definitivo llegó del fisco. Los investigadores habían detectado en las cuentas del napolitano un delito de evasión de impuestos por el que fue detenido el día 5 de junio de 1931, multado con el pago de ochenta mil dólares y condenado a once años de cárcel por el juez Wilkerson. Una condena con la que Capone no contaba, pues había hecho sobornar al jurado, y ya se daba por absuelto cuando un cambio de jurado en el último momento impidió que su soborno surtiera efecto. Su última triquiñuela había fracasado.

Al Capone pasó ocho años en la célebre prisión de Alcatraz, morada de los más peligrosos delincuentes del país. Algunos de ellos eran antiguos conocidos de Capone, como el timador de origen checoeslovaco Viktor *Conde* Lustig, quien años antes se había atrevido a estafar al propio Capone cincuenta mil dólares, aunque no tardó en devolvérselos temeroso de las represalias. Al Capone no sólo no le había asesinado sino que le recompensó con cinco mil dólares por su «honestidad». Una muestra más del singular código de honor de los mafiosos.

El 19 de noviembre de 1939, Al Capone salía de la cárcel en libertad bajo palabra, pero «loco como una cabra» según los diarios. Una vieja infección de sífilis, contraída en sus años de gloria, había corroído su cerebro. Así consumió los siguientes años de su vida, hasta que el 25 de enero de 1947 fallecía en su villa de Florida, como un patético e idiota rey destronado.

Más de medio siglo ha pasado desde que la convulsa vida de Alphonse Capone se extinguiera, poco tiempo después de que la Humanidad ofreciera un espectáculo de violencia y barbarie tal, durante la Segunda Guerra Mundial, que a su lado las fechorías de aquel matón napolitano parecen bien poca cosa. La corrupción en la vida pública ha vuelto a estar a la orden del día, los tentáculos de las organizaciones mafiosas se han extendido por todo el mundo y la propia Mafia, como señala el escritor Andrew Sinclair en su epílogo a la biografía de Capone, ha sabido sacar una clara conclusión de la vida de Scarface: «Hay que evitar la publicidad.» El alcohol volvió a ser legal, los muertos que su prohibición trajo siguen bien enterrados y sus vidas se han convertido en asunto de películas, como una delirante y cruel comedia, hecha de sangre y whisky. Un esfuerzo inútil que no trajo más que dinero sucio, violencia y alguna que otra historia poco edificante. Como la de Al Capone. Por no sobrevivir no sobrevivió ni la integridad de su archienemigo, el incorruptible Eliot Ness, que acabó sus días el 16 de diciembre de 1957 en la pobreza y el olvido, después que a principios de los años cuarenta un incidente de tráfico arruinara su imagen y le llevara a dejar la policía. Al parecer, Ness conducía borracho.

# Un misterio americano

El 22 de noviembre de 1963, Oliver tenía dieciséis años y luchaba por sobreponerse a la soledad que le provocaba el divorcio de sus padres. Bill tenía un año más, era un activo *boy scout* y todavía sentía la emoción de haber estrechado pocas semanas antes la mano del presidente de los Estados Unidos de América. Y John Fitzgerald, que probablemente no se acordaba ya del joven *boy scout* al que había saludado en una recepción en la Casa Blanca, bajaba la escalerilla del avión presidencial en el aeropuerto de Dallas, pletórico de energía a sus cuarenta y seis años de edad.

Ninguno de los tres podía saber lo que ese día les iba a deparar. A Oliver Stone, el argumento de su mejor película casi tres décadas después. A Bill Clinton, el mito político bajo cuya invocación alcanzaría la presidencia de Estados Unidos en 1992. Y al presidente John Fitzgerald Kennedy, cuatro balazos, un funeral de Estado y un misterio sin resolver.

Evocar aquel lejano viernes otoñal no es una simple debilidad nostálgica ni la oportunidad de hacer un mero recuento de acontecimientos. Volver la vista atrás, al día del asesinato del presidente Kennedy, es adentrarse en un vertiginoso e inquietante laberinto borgiano. Y si esa incursión se hace en el territorio de los Estados Unidos de América, puede llegar a ser también un problema. Oliver Stone pudo comprobarlo personalmente cuando hizo público, en 1991, su propósito de llevar a la pantalla las tesis del juez Garrison sobre el asesinato de Dallas, unas tesis contrarias a la versión oficial de aquellos hechos mantenida por la Administración de Estados Unidos casi sin variaciones desde el día siguiente al atentado.

Poco antes de comenzar el rodaje de *JFK*, el primer guión de la película (hubo hasta seis) fue sustraído de la oficina de Oliver Stone y difundido en casi todos los periódicos de Estados Unidos, que no sólo contaron el final del filme sino que empezaron a ridiculizarlo. Todo lo cual no evitó el éxito de público de la película una vez estrenada ni el que, gracias a dicho éxito, los ojos de periodistas e historiadores dentro y fuera de Estados Unidos hayan vuelto a dirigirse al pasado, a aquel agitado mes de noviembre de 1963 en el que el presidente Kennedy viajó a Dallas, acompañado por su esposa Jacqueline y por el vicepresidente Johnson, y fue asesinado.

Eran las 11.40 de la mañana y el público abarrotaba el aeropuerto tejano. El avión presidencial, proveniente de la cercana base de Fort Worth, había tomado tierra bajo un suave sol de otoño, pero la atmósfera social de Dallas amenazaba tormenta. Entre las pancartas de bienvenida, según publicó al día siguiente el diario español *La Vanguardia*, «había algunas de protesta; una de ellas acusaba a Kennedy de ideas socialistas y otra decía: "Le desprecio completamente"». En vida, John Fitzgerald Kennedy estaba muy lejos de despertar el unánime entusiasmo que habría de evocar mucho tiempo después el presidente Bill Clinton durante su campaña electoral.

Diez minutos más tarde, la caravana oficial de automóviles se pone en marcha rumbo al centro de la ciudad, en cuyo Salón de Exposiciones esperan los notables del lugar la llegada del presidente. Pese a la hostilidad de algunos manifestantes, Kennedy viaja en coche descapotable sin pantalla protectora alguna.

Durante más de media hora, la comitiva se desplaza por las calles de la ciudad entre la multitud que, informada de su recorrido por el plano que esa misma mañana ha publicado en portada el periódico *Dallas Morning News*, espera su paso armada de banderitas, cámaras fotográficas y tomavistas. A las 12.30 el cortejo desemboca por Main Street en la plaza Dealey, una amplia explanada con césped atravesada por la calle Main y circunvalada a la derecha por la Elm Street. Sorprendentemente, cambiando la ruta anunciada, la comitiva gira a la derecha al llegar a la plaza en lugar de atravesarla de frente y, obligada a reducir su velocidad a poco más de quince kilómetros por hora, inicia su circunvalación. Pasa ante el edificio del Almacén de Libros, que hace esquina entre las calles Elm y Houston, y se dirige de nuevo hacia la confluencia con Main Street.

Han transcurrido pocos segundos, el presidente saluda a los curiosos con la mano, al igual que su esposa, cuando un ruido seco, como un petardo, resuena en la plaza. Casi inmediatamente el ruido se repite y John Fitzgerald Kennedy se lleva las manos a la garganta, como si quisiera aflojarse convulsivamente el nudo de la corbata, y se inclina hacia delante. Su mujer parece preguntarle qué le ocurre y, de repente, mientras siguen sonando los petardos, su cabeza, a la altura de la sien derecha, estalla violentamente y todo su cuerpo se proyecta hacia atrás, sobre el respaldo del asiento. Un momento después, el gobernador de Texas, John Connally, que viaja en el asiento delantero, también se retuerce con un gesto de dolor. Elm Street vive a partir de ese momento una verdadera pesadilla, un caos de gritos, carreras y gente que se tira al suelo. El coche presidencial se aleja a toda velocidad, con una Jacqueline Kennedy aturdida, que gatea sobre el capó solicitando la ayuda del guardaespaldas que se ha subido en el vehículo a la carrera, y dos heridos que se desangran sobre la tapicería.

¿Qué ha ocurrido? La respuesta es simple: acaban de disparar contra el presidente de los Estados Unidos de América. El problema surge cuando lo que se pregunta es cómo ha sucedido y quién ha sido el autor de los disparos. Ambas cuestiones forman la puerta de entrada al laberinto de Dallas en cuya trampa fue a caer John Fitzgerald Kennedy.

La prensa de todo el mundo recogía al día siguiente la noticia del atentado y su trágica consecuencia. Media hora después del tiroteo, los médicos del Parkland Memorial Hospital de Dallas certificaban la muerte del presidente y aquél iba a ser el único hecho incontestable porque todo lo demás se convertiría, poco a poco, en un auténtico galimatías. La noticia del magnicidio también sobresaltó a la opinión pública internacional y no deja de ser interesante reproducir los términos en que la prensa europea, y más en concreto la española, se hizo eco de ella. *La Vanguardia* señalaba que «testigos afirmaron que los disparos habían partido de la colina» que había a un lado de la plaza. Unos testigos que tenían nombres propios: el joven ingeniero de diseño William E. Newman y su esposa France; Jane Simmons, empleada de la Union Terminal Railway; el ama de casa Mary Moorman; el obrero de la construcción Richard Randolph Carr... Sin embargo, esos nombres no serían del dominio público hasta muchos años después porque fueron omitidos en los informes policiales o no fueron llamados a declarar ante la Comisión Warren, designada por el Gobierno para esclarecer los hechos. Y es que la versión oficial dada por la policía de Dallas al día siguiente del atentado discrepaba de lo observado por aquellos testigos, pues afirmaba que los disparos se habían realizado desde una ventana del sexto piso del Almacén de Libros, que había quedado a espaldas de Kennedy, y no desde la pequeña colina situada a la derecha del vehículo presidencial.

Sin embargo, las noticias publicadas por la prensa antes de que se ofreciese la versión oficial dejaban en evidencia dicha explicación. *La Vanguardia* explicaba la muerte del presidente como consecuencia de «un disparo en la sien derecha», algo verdaderamente difícil de lograr cuando se dispara por la espalda. Y, todavía más milagroso, el diario *ABC* se hacía eco de la declaración del doctor Malcolm Perry, uno de los médicos que atendieron a Kennedy a su llegada al Parkland Hospital: «El doctor Perry, de cincuenta y cuatro años, declaró que la bala que mató al presidente penetró por la nuez y salió por la parte trasera de la cabeza, cerca de la nuca.» Sólo un milagro podía hacer que una bala disparada por la espalda diera la vuelta al cuerpo y penetrara por delante.

Pero no iba a ser el origen de los disparos el único misterio que nacería a los pocos minutos del atentado. No menos misteriosa resultaba la identificación del arma homicida. Cuando los primeros policías llegaron en tropel al Almacén de Libros desde donde, según otros testigos, también habían salido varios disparos, encontraron un rifle escondido bajo un montón de cajas. El oficial Seymour Weitzman, licenciado en ingeniería y experto en armamento, identificó el arma como un Mauser 7,65 alemán, un rifle de gran precisión dotado de mira telescópica, y lo llevó a la comisaría. Sin embargo, existe una película rodada a los pocos minutos del atentado en la puerta del Almacén de Libros por la Dallas Cinema Associated, una compañía de cine independiente, en la que se ve a unos policías bajar un fusil desde el tejado hasta el suelo y, una vez allí, entregarlo a un mando policial que lo alza en alto para que todo el mundo lo vea, presentándolo como el arma del asesino. Lo sorprendente es que la imagen muestra un fusil sin mira telescópica y que, por tanto, no puede ser el Mauser hallado por el oficial Weitzman. ¿De dónde había salido este otro? ¿Qué papel había jugado en el atentado?

La confusión se completa con la presentación pública, al día siguiente, del arma empleada por el asesino y hallada, según Will Fritz, capitán jefe de Homicidios de Dallas, junto a la ventana del Almacén de Libros desde la que se disparó contra el presidente. Pero el fusil que muestra el capitán Fritz, aunque sí tiene mira telescópica, no es un Mauser como el identificado por el oficial Weitzman sino un arma italiana no automática, una Mannlicher-Carcano, de escasa precisión que, para colmo, resulta tener mal alineada la mira telescópica con el punto de mira.

Comparable al misterio de los rifles es el de las balas. Primero se dijo que se habían encontrado tres casquillos y luego se dijo que cuatro, pero ninguno de los cuatro cuadraba con la descripción inicial que se había hecho de los tres primeros. Tiempo después y aún más misteriosamente, apareció una bala en la camilla del hospital sobre la que estaba el cuerpo sin vida de Kennedy. Ésta sí cuadraba con el arma supuestamente empleada. Casualmente, poco antes de tan oportuno hallazgo fue visto rondando por aquellos mismos pasillos del Parkland Memorial Hospital un conocido mafioso llamado Jack Ruby.

Con todo, semejante lío se queda en nada comparado con el del número de autores del atentado. Pese a los numerosos testimonios de que se habían producido disparos desde, por lo menos, dos puntos distintos de la plaza Dealey (la colina y el Almacén de Libros); pese a que en la línea de ferrocarril, situada al otro lado de la valla que coronaba la colina, fueron encontrados unos individuos sospechosos tildados de vagabundos (de cuya detención, por cierto, no queda constancia oficial alguna en los archivos de la policía de Dallas, aunque varias fotografías tomadas por periodistas demuestran que tal detención se produjo realmente); pese a que varios testigos afirmaron haber visto a dos hombres armados en la sexta planta del Almacén de Libros, uno de los cuales tenía aspecto latino, probablemente cubano; pese a todo ello, la policía primero y la Comisión Warren después concluyeron que había un solo asesino y casi de inmediato se le dio nombre y rostro: Lee Harvey Oswald.

La detención de Oswald se produjo una hora y media después del atentado, en el cine donde se había metido a ver la película *La guerra es el infierno*. Todo un prodigio de eficacia policial. Pero todavía faltaba la gran traca final. Cuarenta y ocho horas más tarde, un balazo sellaba la boca del presunto magnicida quien, hasta ese momento, había proclamado su inocencia.

El domingo 24 de noviembre, en los sótanos de la comisaría de policía de Dallas, un individuo llamado Jack Ruby, el mismo mafioso que había sido visto en el Parkland Memorial Hospital cuando la aparición de la bala comprometedora, propietario del club de *striptease* Carrousel, se acercó al detenido Oswald, que estaba rodeado de agentes de policía, le colocó una pistola en el pecho y le partió el corazón de un disparo. Ante las narices mismas del mundo. Las cámaras recogieron el trágico momento. El gesto crispado de Oswald. La pasividad de los presentes. Al horror del magnicidio se sumaban ahora el asombro y la sospecha de que una oscura trama seguía activa. El diario *Pueblo* titulaba al día siguiente: «Norteamérica pasa de la consternación al miedo tras la muerte de Oswald.» Y el cronista de la agencia de noticias EFE, Thomas Rickett, señalaba que «la teoría generalizada es que detrás de todo esto hay un grupo secreto poderosísimo».

Desde las páginas de una de las pocas publicaciones españolas que acogían a periodistas críticos con el régimen del general Franco, la revista *Triunfo*, Eduardo Haro Tecglen se preguntaba ya quién era realmente el asesino de Kennedy y, con verdadera intuición, calificaba los asesinatos del presidente y de Oswald como «una mala película». Lo cierto es que, con ellos, se imponía una nueva manera de manejar los asuntos públicos en la era de la televisión, la era de la sociedad del espectáculo, regida por las reglas de la puesta en escena. Una era capaz de convertir en *show* cualquier cosa. Una sociedad en la que la información parece invadirlo todo cuando paradójicamente, como señala el pensador Guy Dabord en sus *Comentarios a la sociedad del espectáculo*, es en realidad «el secreto quien domina el mundo». Servicios secretos, informes secretos y el sanctasanctórum de los nuevos tiempos: los secretos de Estado.

La tupida malla del secreto ha envuelto el doble crimen de Dallas desde los primeros momentos y lo ha hecho a la manera de un prestidigitador: exhibiendo informaciones, apariencias, verdades, medias verdades y mentiras con las que distraer la atención del espectador. A Lee Harvey Oswald le tocó jugar un papel central en el entramado de mentiras con que se amparó el asesinato de John Fitzgerald Kennedy.

Según un maestro del espectáculo cinematográfico, el rey de la intriga, Alfred Hitchcock, «la regla es que cuanto más logrado sea el retrato del malo, más lograda será la película». Y como si hubiera querido seguir tan sabio consejo, alguien, durante los años que precedieron al asesinato de Kennedy, se dedicó a fabricarle a Oswald el rostro del asesino ideal. Un titular de la prensa española, en el diario *Informaciones*, resumía el 23 de noviembre de 1963 tan fino trabajo de maquillaje: «Oswald (comunista), acusado del asesinato.» ¿Qué más se podía pedir en plena Guerra Fría? El asesino del presidente de los Estados Unidos de América resultaba ser un rojo que había vivido casi año y medio en la Unión Soviética, tras desertar de su país, y que pertenecía a una organización de apoyo al régimen de Fidel Castro. Una bicoca. Demasiado perfecto.

Quizá por ello no tardó en proyectarse una sombra de duda sobre la versión oficial del magnicidio, incluso entre la prensa española que, como era de esperar en una dictadura que seis meses antes había fusilado al dirigente comunista Julián Grimau, se había cebado con delectación en el perfil izquierdista del presunto asesino. El corresponsal de *ABC* en Washington, José María Massip, ofrecía un contrapunto de prudencia a los desaforados editoriales anticomunistas del diario. El mismo día en que Oswald era asesinado, ponía en duda en su crónica la relación del magnicida con el movimiento comunista: «Un comunista de verdad, bien adoctrinado, no comete esta clase de crímenes. Los cometería un anarquista, pero no un comunista.»

Pero la presentación final de Oswald como un desequilibrado simpatizante de la izquierda, sin vinculación orgánica alguna con Cuba o con la URSS, seguía sin permitir explicar los hechos que apuntaban, por mucho que lo negara el Gobierno, hacia la existencia de una conspiración criminal contra Kennedy.

Fueron muchas las voces que señalaron las contradicciones de la versión oficial, entre ellas la del entonces fiscal de distrito de Nueva Orleans, Jim Garrison. Y el mismo afán de búsqueda de la verdad, que llevó a Garrison a tratar de demostrar durante cinco años que la muerte del presidente había sido obra de una conspiración, es el que ha alentado la adaptación cinematográfica de dicho empeño realizada por Oliver Stone. El fiscal Garrison, hoy juez en Louisiana, fue espiado por el FBI durante la investigación que dirigió para esclarecer el asesinato; vio cómo se le negaba el acceso a testigos y a documentos so pretexto de salvaguardar el secreto de Estado; y, finalmente, fue él mismo llevado a juicio en un burdo montaje para acusarle de corrupción.

Pero el fracaso de su intento de demostrar, en 1969, la culpabilidad de un adinerado hombre de negocios vinculado a la CIA, llamado Clay Shaw, en el crimen de Kennedy dejó abiertas las puertas a posteriores investigaciones, como la que se vio obligado a acometer el Congreso estadounidense, en 1978, mediante un Comité sobre Asesinatos presidido por Robert Blakey. Dicho comité llegó a la estrambótica conclusión de que efectivamente hubo una conspiración para matar a Kennedy, pero que de los diversos tiradores (cuyo número e identidad quedaron sin concretar) tan sólo Oswald acertó al presidente, con lo cual venía a dar la razón a la Comisión Warren aunque aparentemente la contradijera.

La tesis defendida por Blakey, según la cual la Mafia había sido la autora del atentado, tampoco respondía a las principales cuestiones planteadas por Garrison durante su investigación. ¿Podía la

Mafia cambiar en el último momento el itinerario del presidente para hacerlo pasar por donde le esperaban sus asesinos? ¿Podía la Mafia conseguir que el servicio secreto no controlara los edificios de la ruta por la que debía transitar el coche presidencial? ¿Podía la Mafia hacer desaparecer el cerebro del presidente Kennedy de los Archivos Nacionales, tal y como se descubrió que había sucedido cuando se pidió hacer una nueva autopsia para estudiar la trayectoria de la bala que lo mató?

Las pesquisas realizadas por el fiscal Garrison, expuestas en el libro que él mismo escribió y resumidas en la película de Oliver Stone, arrojaban una conclusión bien diferente que el director de cine ha repetido incansablemente: «Puedo decir que Kennedy fue asesinado por elementos militares dentro del propio Gobierno de Estados Unidos.» ¿En qué se fundaba semejante acusación? Básicamente en el mismo personaje que ejerció de cabeza de turco el trágico 22 de noviembre de 1963: Lee Harvey Oswald. A la vista de numerosos testimonios recopilados por el fiscal, Oswald no sólo no era un radical comunista sino que estaba relacionado con la CIA. Aunque quizás el hecho de que regresara de la URSS a Estados Unidos sin que nadie le pusiera reparo alguno ni le exigiera explicaciones por su deserción es la prueba más evidente de su vinculación con los servicios secretos estadounidenses. Además, una prueba esencial como la del nitrato (que demuestra si una persona ha disparado un arma de fuego recientemente) señaló que el 22 de noviembre Oswald no había realizado disparo alguno. Sin embargo, aquel dato fue ocultado a la opinión pública durante casi un año.

Pero Garrison encontró más hechos que desmontaban la tesis del asesino único. Dos avisos, uno recibido cinco días antes del atentado y otro la misma mañana del 24 de noviembre, alertaron al FBI y a la policía tanto del asesinato de Kennedy como del de Oswald, pero ambos fueron ignorados por las autoridades. Por otra parte, numerosas pruebas fueron destruidas o manipuladas, tal como sucedió con el baile de rifles hallados el día del crimen o con la falsificación de la declaración de la testigo Julia Ann Mercer. En opinión del fiscal, todo ello demostraba que miembros de la policía de Dallas, del FBI y de la CIA estaban involucrados en la conspiración. Y ni siquiera la presencia de miembros de la Mafia, como Jack Ruby, invalidaba su tesis pues la CIA había recurrido con frecuencia a los servicios de la Mafia desde la Segunda Guerra Mundial. Para acabar de tejer la malla que mete a los servicios secretos y a la Cosa Nostra en el mismo saco de la conspiración, Garrison recabó testimonios que acreditaron que Oswald y su asesino, Jack Ruby, se conocían antes del 22 de noviembre de 1963.

Parecía evidente que Oswald había estado relacionado con la conspiración, pero su verdadero papel en ella seguía siendo un misterio. ¿Actuaba como agente de la CIA infiltrado entre los anticastristas para prevenir un atentado o para prepararlo? En todo caso lo único que dijo antes de morir fue: «Yo sólo soy un señuelo.»

Eduardo Haro Tecglen escribía en las páginas de la revista *Triunfo*, una semana después del doble crimen, que «el más elemental criminólogo se pregunta ante un asesinato ¿a quién le beneficia? En este caso, la desaparición de Kennedy puede beneficiar a los racistas, a los partidarios de la intervención en Cuba, a los industriales de la guerra». Y la verdad es que no le faltaban enemigos a John Fitzgerald Kennedy. Hasta el punto de que en más de una ocasión él mismo había hablado de su posible muerte. Un día del verano del mismo 1963, estando con Torby MacDowald junto a la piscina del Palm Beach, éste le preguntó qué tipo de muerte prefería y Kennedy, tras pensarlo un momento, contestó: «¡Oh!, de un tiro. No te das cuenta de lo que te golpea. Un tiro es lo mejor.»

Fueron más de un tiro los que acabaron con su vida y resulta difícil desligar aquel asesinato de las polémicas que rodearon su tarea como presidente. La política realizada por Kennedy desde su llegada al poder en 1960 estuvo marcada por el hecho de contar con una escasísima mayoría parlamentaria, a causa de lo cual fue pródiga en contradicciones. Permitió que se produjera en 1961 el intento de invasión de Cuba, en bahía de Cochinos, organizado por exiliados anticastristas y por la CIA desde antes de su llegada a la presidencia. Pero se negó a prestar apoyo militar a los mercenarios, con lo cual la invasión fue un fracaso, circunstancia que aprovechó para destituir al director y al subdirector de la CIA, ganándose así dos poderosos enemigos. Casualmente, el hermano del subdirector cesado era el alcalde de Dallas el día del crimen, y el propio director cesado, Allen Dulles, fue nombrado miembro de la comisión que debía investigar el asesinato. El odio a Kennedy en la CIA y entre la comunidad de exiliados cubanos era más que notorio, hasta el extremo de que el mismo hermano del presidente, Robert Kennedy, preguntó directamente a John McCone, nuevo director de la CIA, a los pocos días del atentado: «¿Ha matado la CIA a mi hermano?» Curiosa pregunta en quien era fiscal general del Estado.

Kennedy se había enfrentado resueltamente a la Unión Soviética durante la crisis de 1962, cuando impidió que se instalasen misiles rusos en Cuba, pero al mismo tiempo había abierto una dinámica de diálogo con el líder soviético Kruschev que se concretó en el compromiso de no volver a intentar invadir Cuba y en la propuesta de desarme conocida como «Borrador para un Tratado sobre Desarme General y Completo». Una propuesta que había puesto los pelos de punta a la influyente industria armamentística norteamericana. Todo lo cual no le había impedido incrementar la presencia de asesores militares estadounidenses en Vietnam del Sur, elevándola hasta los 16.000 hombres, ni lanzar reiteradas proclamas sobre el «peligro rojo» en el Sudeste Asiático, como ha recordado recientemente el crítico Noam Chomsky en su ensayo *Repensando Camelot*.

Esos contradictorios primeros pasos hacia el entendimiento con la URSS y el deseo de evitar la implicación directa de Estados Unidos en la guerra de Vietnam, que habría pasado a ser un asunto tan sólo vietnamita, fueron lo que, en opinión de Oliver Stone, le costó la vida a Kennedy. El golpe de Estado que desplazó a Kennedy del poder, pues como tal consideran su asesinato tanto Stone como el mismo juez Garrison, puso fin a las expectativas abiertas con su gobierno. Y su *partenaire* soviético, Nikita Kruschev, fue relevado de su cargo al año siguiente, víctima también de sus enemigos internos conservadores, desapareciendo así con él la posibilidad de una reforma en la Unión Soviética.

En una ocasión, el presidente Kennedy le preguntó al periodista Charles Barlett: «¿Qué tal presidente sería Lyndon si a mí me matasen?», refiriéndose a su vicepresidente, el tejano conservador Lyndon B. Johnson. El mundo entero tuvo ocasión de responder a esa pregunta a partir de las 14 horas del viernes 22 de noviembre de 1963, cuando Johnson juraba su cargo como presidente en el mismo avión que transportaba el cadáver del recién asesinado John Fitzgerald Kennedy.

Los mil asesores que Kennedy tenía previsto retirar de Vietnam no sólo no volvieron a casa sino que, dos años después, había más de 300.000 soldados norteamericanos metidos en el avispero vietnamita. Luego vinieron los bombardeos con napalm sobre Vietnam y Camboya. La invasión estadounidense de la República Dominicana. El golpe de los militares en Grecia. El asesinato de Robert Kennedy y los de Martin Luther King y Malcolm X como precio por la conquista de los derechos civiles para la minoría negra. Todo un estilo de hacer política que llevaría más tarde a la presidencia a un ex inquisidor del macarthysmo, Richard Nixon, y al ex actor de cine y ultraconservador Ronald Reagan. Fueron los años del apoyo al golpe de Estado en Chile contra Salvador Allende, del escándalo Watergate que le costó la presidencia a Nixon, de la invasión de Granada y del acoso a la Nicaragua sandinista. En definitiva, un reinado mundial de la CIA rematado con el acceso a la presidencia de quien fuera uno de sus directores, George Bush.

Los años que sucedieron al asesinato de Kennedy fueron descritos por el juez Garrison en su libro como «una etapa de descontento y desconfianza en nuestro Gobierno y en nuestras instituciones». El asesinato de Kennedy supuso la pérdida de la inocencia de la sociedad norteamericana y el nacimiento de un mito, una suerte de Edén moral perdido e idealizado. Más allá de sus contradicciones, de sus deudas con la Mafia, que le apoyó al principio de su carrera hacia la presidencia, y de sus amoríos, John Fitzgerald Kennedy es aún hoy la imagen que los sectores menos conservadores de la sociedad estadounidense añoran de sí mismos. Probablemente la imagen de un fenómeno que nunca existió, de una quimera, pero cuya vitalidad mítica ha podido percibirse aún en el uso que del nombre de Kennedy, casi como si de un talismán se tratase, ha hecho el presidente Bill Clinton, y también en el interés que sigue despertando esa cuenta pendiente con la Historia que es el esclarecimiento del doble crimen de Dallas.

Hoy en día pocos vestigios quedan en la plaza Dealey de la tragedia de aquel 22 de noviembre. Hay en ella un vistoso monumento que el visitante inadvertido puede creer, en un primer momento, levantado en memoria del presidente asesinado. Pero al acercarse verá que se trata en realidad de un recuerdo de Samuel Houston, el primer presidente, en el siglo XIX, del Estado independiente de Texas. El único homenaje a Kennedy en la plaza que le vio morir es una pequeña placa que fácilmente puede pasar desapercibida.

Nadie diría que esta plaza que hoy sobrevuelan los estorninos fue el escenario de un drama que duró dos días, cuarenta y ocho horas que estremecieron y cambiaron el mundo y en las que jugó un papel fundamental un tejano. Porque, de aceptarse la tesis de la implicación del entonces vicepresidente Johnson en el golpe de Estado desatado por el magnicidio, defendida por el juez Garrison y refrendada por Oliver Stone en su película, la historia fantástica urdida por Jorge Luis Borges en su relato *Abencaján el Bojarí, muerto en su laberinto* se habría hecho realidad. Johnson habría ayudado a construir un laberinto, una endiablada trampa a la que atraer a su presidente, como hizo el visir Zaid cuando llevó a su rey Abencaján al laberinto que había levantado en su nombre y, una vez allí, «mató a Abencaján y finalmente fue Abencaján».

## La maldición de Midas

Cuando el sábado 15 de marzo de 1975 fallecía en el Hospital Americano de París el naviero y multimillonario griego Aristóteles Onassis, a los sesenta y cuatro años de edad, la prensa de todo el mundo se convirtió en un libro de contabilidad. Su hija Cristina era la principal heredera de una fortuna de 500 millones de dólares (cerca de 50.000 millones de pesetas de la época) y de una flota privada digna de ser la armada de un país entero: un total de cincuenta y dos barcos entre balleneros, paquebotes de crucero y, sobre todo, petroleros. Uno de ellos, un yate de cien metros de eslora, llevaba su nombre, *Cristina*, y había sido un regalo de su padre en su tercer cumpleaños. El legado de un gigante económico.

Pero aquel sábado había muerto también lo que quedaba del niño Aristo que, a los ocho años de edad, en su lejana ciudad turca natal, Esmirna, cuando el siglo XX no había hecho más que comenzar su andadura, ofreció a su pequeño amigo Miguel Anastasiades la primera prueba conocida de su talento para los negocios. Todavía no había estallado la Primera Guerra Mundial y el juguete de moda entre los niños del barrio era un molino de viento, hecho en madera, cuya aspa de papel estaba sujeta por un clavo. Miguel había decidido sacar partido de sus habilidades manuales fabricando algunos de aquellos pequeños molinos y ¿qué mejor primer cliente que su amigo Aristo Onassis? El equipo de investigadores del *Sunday Times* que, dos años después de su muerte, publicó una completa biografía de Onassis traducida de inmediato en España por la editorial Noguer, reconstruyó aquella negociación infantil:

«—¿Cuánto? —le preguntó Aristo.

»—Pues, hum... ¿qué te parece un clavo? —replicó el amigo.

»—¡Tonto! —exclamó Aristo—. Cuando me des ese molino de viento me habrás dado un clavo, más el papel, más un trozo de madera, más tu propio trabajo. Estás loco si sólo pides un clavo a cambio. Así tienes pérdidas.»

Muchos años después, ya profesor de física electrónica en la Universidad de Atenas, Miguel Anastasiades recordaba todavía aquel pequeño negocio: «Recibí mi primera lección sobre el significado del beneficio.»

Una lección que el pequeño Aristo llevaba bien metida en la cabeza, no en vano era hijo de uno de los hombres más ricos de Esmirna, un próspero negociante de origen griego que llevaba el nombre de un filósofo de la antigüedad, Sócrates, y decidió dar a su hijo el de otro: Aristóteles. Pero lo que el banquero y comerciante Sócrates Onassis no fue capaz de inculcar a su hijo fue el principio moral de su ilustre homónimo: «Quien sepa lo que está bien, también hará el bien.» Pese a una educación rigurosa (o quizás a causa de ella), tan rigurosa que infundía miedo, el pequeño Aristóteles resultó ser un niño difícil. Una historia que volvería a repetirse con la hija de éste, Cristina, que también heredó de Aristóteles Onassis una temprana propensión a la imprudencia.

Aristo aprovechaba su condición de niño rico para lanzarse a cuanta travesura se le pasaba por la cabeza, seguro de que al fin la influencia de su padre le sacaría del apuro. Un amigo de la familia le recordaría así, años después: «Era terrible. Era un muchacho verdaderamente travieso y desordenado. También era muy tacaño con el dinero. Su padre solía darle algo para que entregara una propina al portero y a los mensajeros, pero él prefería gastárselo. Sin embargo, era un buen estudiante y muy sagaz... se podía ver que era una de esas personas capaces de destruirse a sí mismas o de alcanzar un brillante éxito.»

Una de sus más sonadas travesuras escolares resultó ser también la primera manifestación de lo que se convertiría en un rasgo de carácter: su curiosidad y afición por las mujeres. La atractiva pero estirada maestra inglesa de la escuela privada Aroni, en Esmirna, sufrió un ataque de histeria cuando su alumno Aristóteles

Onassis, con apenas once años de edad, se atrevió a pellizcarle el culo. Aquella temprana afición por las maestras hizo que su primera amante, cuando él tenía tan sólo trece años de edad, fuera precisamente su profesora particular de francés, una joven de veinticinco años que, según recordaba Onassis, «iba vestida muy ligeramente, con un batín que era casi transparente y que apenas ocultaba sus curvas».

Pero los alegres y traviesos años de la infancia y de la primera adolescencia se oscurecieron abruptamente al término de la Primera Guerra Mundial. El niño rico se convirtió en joven pobre en medio de un torbellino de luchas étnicas que marcó las primeras décadas del siglo XX y que, desdichadamente, ha resultado ser también el broche sangriento con que se ha cerrado el milenio.

La ciudad de Esmirna, aunque situada en el litoral de Turquía, estaba mayoritariamente habitada por griegos desde los remotos tiempos en que toda aquella costa pertenecía a Grecia bajo el nombre de Jonia. Al nacer Aristóteles Onassis, había en Esmirna 165.000 griegos y 80.000 turcos. El estallido de la Gran Guerra hizo concebir a los sectores más radicales de la comunidad griega la esperanza de que la alianza de Turquía con Alemania permitiera que, una vez derrotada ésta, Esmirna quedara bajo soberanía griega. Una esperanza que no tardó en verse cumplida pues en el tratado de Sèvres, auspiciado por Gran Bretaña y firmado en 1920, la ciudad era entregada a Grecia.

Sin embargo, el emergente nacionalismo turco encabezado por Kemal Atatürk, padre de la Turquía moderna, no estaba dispuesto a permitir la partición del país y así, dos años después, el debilitado Ejército griego hubo de retirarse de la península anatólica, incapaz de mantener por las armas lo que había ganado en el tratado. Para colmo de vergüenza, las tropas griegas dejaron en su retirada un reguero de cadáveres de civiles turcos, flaco servicio a la comunidad griega que vivía en Esmirna, pues cuando las tropas turcas entraron en la ciudad se lanzaron a una vengativa masacre que duró cuatro días. Al término, miles de habitantes griegos y armenios de Esmirna habían sido asesinados.

La familia Onassis, que vivía a un kilómetro y medio de la ciudad, pudo ver en la distancia cómo ardían los edificios durante aquellas interminables jornadas. Pero la ola de odio no tardó en alcanzarles. De poco le sirvió a Sócrates Onassis no haber sido partidario de la entrega de Esmirna a Grecia, sino del establecimiento de un estatuto de autonomía para la ciudad bajo soberanía turca: fue encarcelado y le fueron arrebatados todos sus bienes. De ese modo, un arruinado Aristóteles Onassis de dieciséis años de edad se convertía en el hombre de la familia.

Lejos de amilanarse, el joven Onassis desplegó las que estaban destinadas a ser sus armas más efectivas: su habilidad persuasiva y su encanto personal. Supo hacerse útil al comandante turco que se alojaba en su casa, proporcionándole licores y otras necesidades básicas de la soldadesca. Al mismo tiempo, movilizó a los comerciantes turcos amigos de su padre para que intercedieran por éste. Para mayor seguridad, envió al resto de su familia a la isla griega de Lesbos y, aunque finalmente hubo de huir él también, prosiguió con sus gestiones hasta lograr comprar la libertad de su padre, que se reunió con ellos en la isla.

Semejante esfuerzo no consiguió, sin embargo, que sus relaciones con su padre mejoraran. Sócrates quería recuperar su condición de cabeza de familia y Aristóteles era ya demasiado independiente como para aceptar la subordinación. Las disputas familiares se hicieron más frecuentes que nunca, espoleadas por una falta de dinero a la que ninguno de sus miembros acababa de acostumbrarse. El presente le resultaba insoportable y el futuro no parecía ofrecer nada nuevo, así que Aristóteles Onassis decidió buscar fortuna lejos de la devastada Europa.

El 21 de septiembre de 1923 llegaba a los muelles de Buenos Aires a bordo de un barco desde cuyo pasamanos había visto desfilar las costas de Montecarlo, Niza y Cannes. Provisto de una vieja maleta y doscientos dólares, Aristóteles Onassis no podía imaginar todavía que años más tarde él sería propietario de una flota enorme y dueño de medio Montecarlo. Ahora era pobre. Realmente pobre. Y sus primeros trabajos en Argentina así lo muestran: vendedor de fruta, peón de albañil, friegaplatos en un popular restaurante... Pero era un pobre afortunado. En el restaurante podía ver al célebre cantante de tangos Carlos Gardel, asiduo del local. Y durante el tiempo en que trabajó para la Compañía Telefónica River Plate, se pasaba las horas empalmando cables bajo las centralitas donde trabajaban las operadoras, de tal modo que su jornada de trabajo tenía por telón de fondo una hilera de piernas femeninas. Ni que decir tiene, algunas de las jóvenes telefonistas sucumbieron al raro magnetismo del emigrante griego.

Una vez que hubo logrado alzarse de nuevo a lomos de la fortuna, Onassis dejó correr la especie de que su padre había sido vendedor callejero y su madre una fregona, quizá porque durante los años sesenta y setenta el afán de riqueza no se había convertido aún en el ideal social indiscutible y una vena de mala conciencia latía incluso en el corazón del más acaudalado millonario. La pobreza, siempre y cuando fuera pasajera, podía ser un título de orgullo y Onassis la había conocido en sus carnes, aunque bien pronto hizo todo lo necesario, absolutamente todo, según cuentan sus biógrafos, para mandarla al desván de los recuerdos.

No tardó en montar un pequeño negocio de contrabando de tabaco turco y, al poco tiempo, él mismo empaquetaba sus cigarrillos, que tuvieron una gran acogida en Argentina. Practicó competencia desleal con otras marcas de cigarrillos, plagiando una conocida marca. Ideó el truco de regar con agua de mar algunas de las balas de tabaco que traía de Génova, lo que deterioraba el producto y le permitía sumar a sus beneficios las indemnizaciones de las compañías de seguros. Y así, trabajando a ambos lados de la línea de la ley, empezó a amasar su fortuna. Él mismo resumiría su experiencia al decir que «lo más difícil consiste en reunir los primeros cinco mil dólares».

Aquella misma filosofía del lucro le serviría de guía para terminar de construir su imperio. Supo aprovechar la debilidad de los otros (la Gran Depresión de 1929 le permitió comprar barcos al precio de un automóvil Rolls-Royce) y las oportunidades de la vida social. Así, su cargo de cónsul británico en Buenos Aires, logrado a los veintiséis años de edad gracias a su habilidad negociadora de siempre, le permitió, como después averiguaría el FBI, desviar sustanciosas sumas de dineros oficiales hacia sus negocios privados.

Cuando estalló la Segunda Guerra Mundial, Onassis ya tenía una pequeña flota propia y su astucia comercial le ponía a resguardo de las inclemencias de los tiempos. No había olvidado que la anterior guerra había traído la ruina a su familia. Esta vez sería muy distinto. Convenció a las compañías financieras para obtener préstamos con cargo a los portes de crudo que las petroleras encargaban a sus barcos. De esa manera, el préstamo se hacía a las empresas petroleras aunque fuese él quien se beneficiara. Ni siquiera el hundimiento de alguno de sus buques durante la guerra le supuso un descalabro; sustanciosos seguros le cubrían las espaldas.

Pero la historia del triunfo comercial de Aristóteles Onassis fue la máscara brillante tras la que se ocultaba una tragedia que se desarrolló en su intimidad y pareció perseguirle cual maldición de Midas. Cuantos más millones amasaba, más turbulenta e inestable se volvía su existencia.

Como en las tragedias clásicas, los personajes de la que vivió Onassis formaban parte de su entorno más cercano. Y entre ellos no faltaron traiciones, enfermedades o suicidios ni tampoco la existencia de un poderoso rival al que le unían lazos familiares. En su caso, su rival fue el también naviero griego Stavros Niarchos. Ambos formaban la cara y el envés de la triunfante moneda griega en el comercio marítimo, y si compitieron en los negocios, también lo hicieron en sus vidas sentimentales, que se fueron entremezclando de matrimonio en matrimonio. En 1946, Aristóteles Onassis se casaba con Tina, la hija mayor del rey de los navieros griegos, Stavros Livanos, y al año siguiente era Niarchos quien tomaba en matrimonio a la otra hija de éste, Eugenie, convirtiéndose en concuñado de su rival.

Pero las vidas sentimentales de ambos no estaban llamadas a la felicidad. Tras dieciocho años de matrimonio, Onassis se divorció de Tina, con quien había tenido dos hijos, Cristina y Alejandro. Y seis años después, en 1970, moría Eugenie en extrañas circunstancias: había tomado una sobredosis de barbitúricos y su cuerpo aparecía cubierto de moratones. Los vínculos entre ambos navieros pudieron más que sus enfrentamientos y Onassis ayudó a Niarchos a evitar que la muerte de su esposa fuera presentada como un suicidio y a que las heridas que presentaba el cadáver no levantaran ningún tipo de sospecha. Al año siguiente, tras aquel pacto de silencio, ambos magnates volvían a emparentarse al contraer Niarchos nuevo matrimonio con Tina, la hermana de su fallecida esposa y ex mujer de su competidor. Muerte, amor y fortuna quedaban consagrados así como un asunto de familia.

También la vida amorosa de Onassis se vio sometida a nuevas sacudidas, aunque no tan crueles. Su romance con la diva de la ópera María Callas, justo antes de contraer segundas nupcias con Jacqueline Kennedy, le dejó un agridulce sabor pues si bien le abrió las puertas del sofisticado mundo de la cultura, le sirvió también para constatar que él, Aristóteles Onassis, nunca sabría ser un *snob*, como Niarchos. Su tosquedad hizo que la alta sociedad que frecuentó durante aquellos años (y su pasajera aventura como propietario del gran casino de Montecarlo y su relación con el príncipe Rainiero de Mónaco, terminada agriamente, fueron prueba de ello) siempre le resultara, en lo más hondo, ajena.

Tampoco tuvo mejor suerte en su matrimonio con Jackie, la viuda del presidente de Estados Unidos, John Fitzgerald Kennedy. De nuevo la alta sociedad, representada esta vez por el católico clan de los Kennedy, lo miraba como a un extraño y con un mal disimulado desdén. Y su nueva esposa, en la que había apreciado su fragilidad de viuda tocada por un asesinato atroz, resultó ser una mujer más entera de lo que su dolor aparentaba, muy alejada de la esposa sumisa que el carácter dominante y celoso de Onassis exigía. Nada tuvo de raro, pues, que aquella nueva unión, que tanto había asombrado en su día a la opinión pública, terminara también por irse a pique.

Ni siquiera pudo hallar solaz Onassis en la relación con sus hijos. Cristina, sepultada bajo la abrumadora personalidad paterna, vivía en fuga permanente, buscando libertad lejos de la familia. Y Alejandro, heredero de sus dotes seductoras, moría en un accidente de avión en 1973. Un golpe del que Aristóteles Onassis no supo reponerse. Dos años después, con un matrimonio a la deriva y sumido en una soledad creciente, fallecía en París víctima de una broncopulmonía.

Quizá la clave de su dilatado extravío personal haya que buscarla, cuarenta años antes del día de su muerte, en la última mujer que fue una maestra para él en la vida, una bella noruega de buena familia llamada Ingebord Dedichen, a la que había conocido a bordo de un transatlántico en el verano de 1934, cuando el negocio naviero de Onassis estaba todavía en sus inicios.

Ingebord era mayor que él y se convirtió en su guía por un mundo de amor pasional que iba más allá del escarceo amoroso y que, además, le abría por primera vez las puertas del gran mundo social. Ella dejó escrito el más directo testimonio de los atributos seductores del joven Onassis: «Ninguno de mis maridos tuvo una piel que me gustara acariciar tanto como la suya. La piel de Ari tenía un olor, un calor, una suavidad que me fascinaban.» Pero también fue testigo de sus peores defectos, desde la zafiedad de algunas de sus bromas íntimas (como cuando aprovechó la proximidad del rostro de ella a su trasero para lanzar una ventosidad) hasta la violencia de sus borracheras.

Después que su tormentosa relación obligara a Ingebord incluso a tener que acudir al médico, Onassis le propuso relajar su compromiso. Pero no se trataba tanto de darle a ella un respiro como de satisfacer su propia curiosidad. Él quería conocer a otras mujeres y durante cierto tiempo compartió con ella los secretos de otras alcobas, lo que no le impedía seguir asediándola con irrefrenables celos. Sus encuentros eran tan explosivos como sus desencuentros. Hasta que un día Ingebord, tras un intento de suicidio, decidió alejarse definitivamente de su vida. Onassis quedaba libre y educado en amores, más seguro que nunca de sus artes seductoras, preparado para dedicarse a perseguir su sueño de riquezas. Y el primer paso en aquella dirección estaba claro: debía casarse con una rica heredera. ¿Quién mejor que la hija del gran naviero Livanos? Como un Midas sentimental, el amor se convirtió en sus manos en dinero. Ése fue el premio a su tenacidad. Y su castigo.

# Las víctimas

## La voz de la conciencia

En la noche del 16 de julio del año de 1566, un anciano clérigo sevillano agonizaba en la oscuridad de su celda del convento de Nuestra Señora de Atocha, en Madrid. Su figura, ya de por sí enjuta, se consumía en una extrema delgadez, desgastada durante años por los esfuerzos y, ahora, por la enfermedad. En verdad la suya había sido una larga existencia: tenía ochenta y un años de edad. Del otro lado de la puerta, la comunidad de frailes del convento rezaba a Dios por su alma, en la tibia calma que la noche imponía a los rigores del verano madrileño. Y aquella misma madrugada, el clérigo, de nombre Bartolomé de las Casas, ex obispo de la región americana de Chiapas, ex procurador de los indios, piedra de escándalo y polémica por sus críticas a la labor de los conquistadores españoles en el Nuevo Mundo, moría devorado por las fiebres.

Después de casi 30.000 días de agitada e infatigable vida, ni siquiera en la muerte el padre Las Casas hallaba la paz. Poco tiempo antes, había hecho balance de su combativa existencia: «Creo haber cumplido con el ministerio que Dios me puso de procurar el remedio de tantos y de tan inmenso número de agravios ante el juicio divinal; aunque por lo poco que han aprovechado por mis muchas negligencias temo que Dios me ha de castigar.» Quien con tal severidad hablaba de sí acababa de dejarse la vida entera en el más noble empeño, como señala uno de sus biógrafos, Alcina Franch: «En la lucha por la justicia, por la libertad, en contra de la esclavitud, en contra de los intereses bastardos de los explotadores de siempre.» Una lucha concretada en una obsesión: la defensa de los indios del Nuevo Mundo frente a las injusticias, abusos y atrocidades de toda índole que contra ellos se cometían.

En un tiempo en que la quimera del oro, el afán de poder y la cultura de la guerra imponían sus leyes, difícilmente podría hallarse causa más encomiable que la de propugnar la justicia y la tolerancia. Y, sin embargo, incluso en pleno siglo XX sigue siendo la figura de Las Casas objeto de polémica cuando no de abiertos reproches. Para historiadores como Menéndez Pidal, el clérigo «ni era santo, ni era impostor, ni malévolo, ni loco: era sencillamente un paranoico». Otros le tildan de inconsecuente o reducen su afán de justicia a un mero deseo de notoriedad y no faltan quienes simplemente le acusan de falta de rigor y de exagerar la realidad de la conquista.

En mayor o menor medida, algunos de esos reproches parecen responder a rasgos ciertos del carácter y de la actitud de Bartolomé de las Casas. Pero tampoco le han faltado defensores apasionados, incluido el poeta chileno Pablo Neruda que le dedicó unos encendidos versos en su libro *Canto General*. Homenaje, sorprendente sólo en apariencia, de un ateo poeta de izquierdas a un clérigo devoto. Para el profesor Juan Pérez de Tudela, «no es un capricho que el *lascasismo* se haya emparejado tantas veces con el izquierdismo ideológico». Y, ahondando en la idea, Alcina Franch matiza que a ambos les une el hecho de estar «inconformes con la realidad... Los revolucionarios, los innovadores como Las Casas dirán que el orden necesario es el que ellos proponen que, además, es un orden que trata de alcanzar la justicia allí donde no la hay». Quizá sea por ese afán de traer la justicia al mundo, tan en sintonía con los esfuerzos utópicos de los últimos cinco siglos, por lo que el pensamiento de Bartolomé de las Casas desprende esa sensación de actualidad, de vitalidad. Una vitalidad que se manifiesta en la América de hoy dentro del Movimiento de la Teología de la Liberación, algunos de cuyos más señalados miembros, como el teólogo Gustavo Gutiérrez, han reclamado como propia la herencia liberadora del pensamiento de Las Casas en su intento de alentar una Iglesia popular que despierta los recelos de la burocracia vaticana. En cualquier caso, es evidente que las miserias y la persecución de los indígenas americanos no son cosas del pasado, como bien puede verse todavía en lugares como la amazonia brasileña o la región mexicana de Chiapas.

Que Las Casas haya recibido, en su condición de heterodoxo social —pues, pese a ciertos puntos en común con las ideas de Erasmo, nunca lo fue en lo religioso—, los calificativos de loco o paranoico es cosa propia de la tradición española. En la lucha del clérigo sevillano hubo mucho de quijotesco, de desigual combate entre el hombre y la maquinaria burocrática y económica de la conquista de América. No es raro, pues, que se venga a la memoria un comentario de don Quijote («La libertad, Sancho, es uno de los más preciosos dones que a los hombres dieron los cielos») cuando se lee en el tratado de Las Casas, titulado *De regia potestate*, párrafos como el siguiente: «La libertad nunca prescribe. Desde los comienzos del género humano todos los hombres nacen libres. Dios no hace a uno siervo del otro, sino que concede a todos el mismo libre albedrío. La libertad es un derecho ínsito en el hombre por necesidad y *per se*, como consecuencia de la naturaleza racional.»

No faltan tampoco quienes, con talante ecuánime, intentan despojar a la obra de Las Casas de los prejuicios despertados por su utilización posterior a manos de los artífices de la leyenda negra de la conquista española del Nuevo Mundo, particularmente en Inglaterra. Nadie pone hoy en duda que las críticas de Las Casas contra la acción española en América respondían a una voluntad de servir a su país rescatándolo de sus errores. Para ello denunció prolijamente los excesos cometidos, aportando cifras y datos que luego han sido muy contestados. Pero, como señala Nicolás Sánchez Albornoz, el que «las cifras sobre despoblación que salpican sus textos no sean seguras, ¿acaso implica que Las Casas desfigurase los hechos básicos? La despoblación de las Indias como consecuencia de la conquista es un punto incontrovertible. Las Casas habrá cometido yerros, habrá medido imperfectamente y explicado parcialmente las muertes, pero no se equivocó en la envergadura ni en la raíz del problema». Y el problema (al menos el que podía humanamente remediarse entonces, ya que el control de las epidemias de viruela, sarampión y demás criaturas invisibles escapaba a la ciencia de la época) no era otro que la conquista de América y su sistema económico de encomiendas. Contra ambos luchó a muerte Bartolomé de las Casas hasta que la misma muerte vino a librarle de tan ardua tarea.

Cuando Las Casas contaba setenta y dos años de edad, un grupo de indios notables de México (entre los que estaba Pedro Moctezuma Tlacahuepatzin, hijo del rey azteca que había protagonizado con Hernán Cortés el drama de la llegada de los españoles a la ciudad de México-Tenochtitlán treinta y siete años antes) dirigió a Felipe II una carta en la que suplicaba, al «muy alto y poderoso Rey y Señor nuestro», que «por cuanto estamos muy necesitados de amparo y socorro de Vuestra Majestad por los muchos agravios y molestias que recibimos de los españoles... tenemos muy grande necesidad de una persona que sea protector nuestro, el cual resida continuamente en esa real corte». Y solicitaban que «nos señale al Obispo de Chiapas, don Fray Bartolomé de las Casas, para que tome este cargo de ser nuestro protector».

Pero ni siquiera semejante reconocimiento a su labor, por parte de quienes venía defendiendo desde hacía años, había bastado para reconciliar a Las Casas consigo mismo en los últimos años de su vida. ¿Qué herida escocía la conciencia de quien se había convertido en la voz de la conciencia de un imperio y de cuatro de sus regentes: Fernando el Católico, Felipe el Hermoso, Carlos V y Felipe II? Fue el propio Las Casas, en las páginas de su *Historia de las Indias*, escrita en su mayor parte en 1552 cuando ya contaba sesenta y ocho años, quien reveló la «negligencia» que probablemente más le atormentaba. Hablando de sí mismo en tercera persona, recurso al que era muy dado, escribió: «El clérigo ha visto después y comprendido que reducir en esclavitud a los negros era tan injusto como en el caso de los indios... y no es seguro si la ignorancia en la que se encontraba en esa materia y su buena fe le servirán como excusa delante del juicio de Dios.»

Después de tantos años de redactar proyectos y críticas, Las Casas había visto cómo una de las pocas propuestas suyas plenamente aceptada y aplicada era, precisamente, la desdichada idea de proponer el envío de esclavos negros a América para evitar así la esclavitud de los indígenas americanos. Cuando la hizo, muchos años antes, su pensamiento no estaba aún plenamente desarrollado y ahora veía cómo no sólo no había logrado liberar a los indios de sus penalidades sino que, además, una legión de esclavos negros padecía por su culpa. Aunque no fue Las Casas ni mucho menos el primer promotor de la trata de esclavos negros hacia América, su conciencia no se lo pudo perdonar. Y todavía en nuestros días, en 1986, la UNESCO se negaba a celebrar el quinto centenario del nacimiento del clérigo sevillano precisamente por su propuesta sobre la trata de negros, presentada en 1516 y 1517, cuando contaba poco más de treinta años de edad. Triste paradoja en quien, sin duda, fue uno de los primeros y más decididos defensores de los derechos humanos (mucho antes de que fueran formulados como tales) en el Nuevo Mundo.

Aquella contradicción era una de la tantas que marcaron la personalidad de Las Casas. Sus ideas fueron el fruto de un largo proceso de reflexión apasionada que le llevó, partiendo de la intolerancia de su época y apoyándose paradójicamente en muchos casos en ideas medievales, hasta la modernidad humanista de su ética. Un proceso en el que invirtió cincuenta y dos años de su vida, que le hizo recorrer 22.442 leguas en barco, a caballo o a pie, y que le llevó a estar siete veces en la isla de La Española, cuatro en Puerto Rico, tres en México, tres en Chiapas, dos en Guatemala y en Honduras, una en Italia, Cuba, Venezuela, Cubagua, Cartagena de Indias, Panamá, Costa Rica y Nicaragua, además de moverse, dentro de España, por Sevilla, Sanlúcar, Valladolid, La Coruña, Salamanca, Zaragoza, Granada, Valencia, Barcelona, Burgos y Plasencia, según recuento del historiador dominico Isacio Pérez. Todo un vendaval que refleja el carácter de Las Casas, «colérico, según él mismo declara, resistente, activo y nervioso». Como viajero impenitente y amante observador de la Naturaleza, tuvo ocasión de describir el paisaje, la flora y la fauna americanos. Y, como «candela que todo lo enciende», según le definió uno de sus enemigos, revolucionó cuantos lugares visitó con su inveterada e incurable manía de llamar a las cosas por su nombre, sin concesiones.

Los últimos años antes de su muerte, lejos de aquietarse, Las Casas no sólo se reafirmó en sus opiniones sino que las llevó a sus últimas y más radicales consecuencias. Fueron años vividos en España, adonde había regresado en el año 1547 sin que tuviera ya el ascendiente de antaño sobre el rey. Carlos V estaba envejecido y enfermo y su sucesor, Felipe II, aun estimando al anciano clérigo, se mostraba más preocupado por los problemas prácticos del imperio que por las reflexiones éticas.

No era Las Casas hombre que se abandonara a la derrota. Su quijotesco tesón parecía a veces responder al consejo que Sancho Panza dirigiera a su amo: «La mayor locura que puede hacer un hombre en esta vida es dejarse morir, sin más ni más.» Él no lo hizo nunca y, al contrario que Alonso Quijano, ni siquiera en el lecho de muerte renunció a su «locura» liberadora. En el año 1550, sesentón ya, emprendió singular batalla contra quien encarnaba en aquella ocasión las ideas que él aborrecía: Juan Ginés de Sepúlveda, capellán del emperador y hombre docto, enemigo declarado no sólo de Lutero sino también de las tesis de Erasmo de Rotterdam. Sepúlveda pretendía publicar un libro, *El otro Demócrates*, en el que defendía el derecho de los españoles a hacer la guerra a los indios americanos y a reducirlos a la esclavitud, pues los consideraba inferiores.

Las Casas, que todavía tenía influencia en el Consejo de Indias, donde por fin abundaban los partidarios de sus tesis, logró que dicho organismo negara el permiso de publicación del libro de Sepúlveda. Las protestas del capellán ante el emperador y los nuevos dictámenes contra su obra, en las universidades de Salamanca y Alcalá de Henares, hicieron que Carlos V convocara una junta de eruditos ante la cual podrían exponer Las Casas y Sepúlveda sus argumentos, a fin de solventar el litigio. El duelo dialéctico tuvo como escenario la capilla del convento de San Gregorio, en Valladolid, y se prolongó, en dos sesiones, de mediados de agosto de 1550 hasta abril del año siguiente. Las intervenciones de los contendientes fueron largas y prolijas, con detalladas disquisiciones teológicas e históricas, pero el combate se saldó con la victoria de Las

Casas: el libro de Sepúlveda nunca logró la autorización para ser publicado. Desgraciadamente, aquélla era tan sólo una victoria formal; en la práctica, las conquistas armadas continuaron siendo la norma en América.

La *Apología*, escrita por Las Casas para rebatir a su adversario, recoge una de sus principales ideas: la defensa de una conquista pacífica, mediante la persuasión, que erradicara abusos y violencias y que, de esa manera, evangelizara verdaderamente a los indios en vez de tiranizarlos. Las referencias de Sepúlveda a las Sagradas Escrituras, para justificar sus tesis, fueron minuciosamente criticadas por Las Casas con ironía y mordacidad, armas que el clérigo sevillano sabía manejar con soltura.

A partir de aquella victoria, el pensamiento de Las Casas sufrió una evolución que le llevó no sólo a reclamar el derecho de indios y negros a la libertad, sino incluso a cuestionar la presencia misma de los españoles en tierras americanas. Una presencia que, en su opinión, debería reducirse a unos pocos centenares de hombres encargados de asegurar el vasallaje al emperador, libremente aceptado por los indios que se gobernarían a sí mismos con sus reyes y caciques.

El deseo de comprender, para mejor defender, las culturas indígenas le animó a llevar a cabo una abrumadora tarea de investigación antropológica en la que las comparó con las culturas clásicas del Viejo Mundo. Su propósito era sencillo: demostrar que los habitantes del Nuevo Mundo no eran salvajes sin civilizar. Aquel empeño le llevó, por ejemplo, a señalar que una de las más criticadas costumbres indígenas, los sacrificios humanos, también había estado en los orígenes de las culturas europeas sin que ello justificara su destrucción. Era sólo cuestión de progreso.

Sin embargo, la victoria moral sobre Sepúlveda debió de saberle a bien poco cuando, cuatro años más tarde, en 1555, Felipe II accedió a hacer perpetuas las aborrecidas encomiendas, ante la presión de los encomenderos, cuyos ingresos precisaba para hacer frente a la guerra contra Francia, contra los turcos y contra los musulmanes de Marruecos.

El sistema de encomiendas era la columna vertebral económica de la conquista de América. En resumen, consistía en que la corona entregaba un cierto número de indios a un español, el encomendero, para que le sirvieran, bien trabajando para él, bien pagándole tributos. De hecho, aquella situación daba pie a toda clase de abusos y reducía a los indios a una forma encubierta de esclavitud. Pero sin ella los conquistadores y encomenderos, en cuya aventura en el Nuevo Mundo jugaba un papel esencial el afán de riqueza y de ascenso social, no podrían obtener los beneficios que codiciaban ni ocupar un rango social relevante. Por ello, el pulso entablado entre conquistadores y encomenderos, de un lado, y misioneros defensores de los indios, de otro, dio lugar a un debate decisivo para el futuro de América.

Un debate que, si bien reveló las miserias de la acción imperial española, en gran medida semejantes a las de otros imperios posteriores como el inglés o el francés, también puso de relieve la singularidad de la sociedad española de entonces, capaz de cuestionarse su papel en el Nuevo Mundo y sus relaciones con otras culturas. La mera existencia de tal debate, por mucho que los defensores de los indígenas resultaran finalmente derrotados, y su misma duración (más de medio siglo) convierten a la colonización española en un hecho único. Algo que ha señalado el escritor mexicano Carlos Fuentes, quien tras criticar la mortandad generada por el Imperio español en México, afirma que aquel imperio fue capaz, sin embargo, de debatir los horrores de su política: «Sólo España lo hizo, no las otras potencias coloniales cuyos crímenes de exterminio son tan grandes como los de España, pero sin la duda, el discurso e incluso el humor.»

Sin embargo, la gran batalla contras las encomiendas la había librado Bartolomé de las Casas antes de su regreso definitivo a España y de su polémica con Sepúlveda. Y, como en tantas otras batallas de su vida, conoció la victoria moral y la derrota en la práctica.

En el año de 1540, había viajado a España en compañía de su amigo fray Rodrigo de Ladrada, perteneciente como él a la orden de los dominicos. Su propósito era, una vez más, acudir al corazón mismo del imperio, a la corte, en defensa de los indios. Y, en esta ocasión, el terreno estaba abonado. A sus propios argumentos, recogidos en un memorial dirigido a Carlos V, se unían las ideas del prestigioso clérigo Francisco de Vitoria quien, al reconocerles a los indígenas la legítima propiedad de las tierras americanas, negaba que el papa o el rey de España tuvieran potestad alguna sobre ellas que no fuera la de hacerles llegar la palabra del Evangelio. Una tesis radical que pese a irritar al emperador contribuía a acrecentar en éste las dudas sobre la legitimidad de la conducta española.

Cuando Bartolomé de las Casas pudo entrevistarse con el emperador, encontró a un Carlos V prematuramente envejecido por la enfermedad de la gota que le martirizaba y por la amargura de la muerte, dos años antes, de la bella emperatriz Isabel. Habían pasado veintidós años desde la última vez que habían hablado, pero el tiempo por fin jugaba a favor de Las Casas. Sus palabras, el respeto que el emperador sentía por su talante y devoción, los argumentos de otros muchos misioneros, todo ello comenzaba a dar sus frutos. El primero fue la limpieza del Consejo de Indias, muchos de cuyos miembros tenían intereses en las encomiendas americanas o recibían cohechos. Y fueron las mismas Cortes de Castilla, reunidas en Valladolid en abril del año 1542, quienes solicitaron al rey «remediar las crueldades que se hacen en las Indias contra los indios».

Las Casas, prolífico como siempre, se despachó con varios textos llenos de remedios para tan trágica situación. En ellos planteaba la obligación, para aquellos conquistadores que quisieran quedarse en las Indias, de devolver la mitad de cuanto se hubieran apropiado; la prohibición de tomar esclavos; y la repoblación de los territorios ultramarinos con agricultores españoles, en quienes (por considerarlos ingenuamente más humildes y ponderados que los conquistadores) tenía puestas muchas esperanzas.

Era tal el número de las protestas y las propuestas que los defensores de los indios exponían que se decidió convocar una comisión de trece personalidades encargadas de redactar las normas que corrigieran los desmanes de ultramar. Y, fruto de su trabajo, el 20 de noviembre de aquel mismo año se promulgaron las *Leyes nuevas*. En ellas se prohibía esclavizar a los indios, se prohibía obligar a los indios a cargar con grandes pesos u obligarles a pescar perlas, se prohibía hacer entradas de conquista en nuevos territorios sin autorización expresa y sin la compañía de religiosos, así como apropiarse de las cosas que pertenecieran a los indios. Por fin, se prohibía conceder nuevas encomiendas y se decretaba que las ya existentes no podrían ser hereditarias, de modo que a la muerte de sus titulares volverían a manos de la corona, que tomaba bajo su protección a los indios encomendados.

Pese al éxito que para sus ideas representaban aquellas leyes, Las Casas no terminaba de estar satisfecho con lo aprobado en ellas. Buen conocedor de la vida en el Nuevo Mundo, echaba en falta mayor concreción en las medidas a tomar para imponer el cumplimiento de tales leyes, sobre todo en lo referente a la obligación de liberar a los indios esclavos; y lamentaba también que las nuevas conquistas no quedaran definitivamente prohibidas sino tan sólo sometidas a controles. No se engañaba en su desconfianza (que, por supuesto, hizo llegar por escrito al rey) como quedó demostrado por los hechos cuatro años después cuando, presionado una vez más por los buenos dineros que los encomenderos aportaban a las arcas reales, Carlos V decidió rectificar lo aprobado, anulando la prohibición de entregar indios en encomienda y la de hacer éstas hereditarias.

Aquel jarro de agua fría cayó sobre la entonces mitrada cabeza del clérigo sevillano en tierras americanas, pues había sido nombrado obispo al año de aprobarse las *Leyes nuevas* y trataba de que éstas se aplicasen en la diócesis que se le había encomendado, la de Chiapas, al sur de México, cerca de los dominios del antiguo reino de los mayas. Uno de los territorios más apartados del imperio. Allí tampoco le habían faltado sinsabores, empezando por el mismo viaje. El impaciente obispo se vio empantanado en Sevilla por las lluvias torrenciales que asolaron Andalucía durante la primavera del año 1544. Hubo de permanecer a la espera, junto a los frailes misioneros que había reclutado, hasta el 10 de julio en que, al fin, partió en un barcucho llamado *San Salvador*, malgobernado por Pedro de Ibarra, quien transformó la travesía en dos meses de tortura. Y todo ello para no encontrar a la llegada a Santo Domingo más que el odio de sus viejos enemigos encomenderos y, una vez en Chiapas, la incomprensión primero y la oposición después de sus feligreses, con quienes hubo de pugnar, incluso sufriendo amenazas de muerte, durante el año que duró su estancia en la Ciudad Real de Chiapas. Una vez más veía estrellarse sus esfuerzos reformadores contra los intereses creados. La puerta que le conduciría de nuevo a España y a su polémica con Juan Ginés de Sepúlveda estaba abierta.

Aquélla había sido una nueva derrota, pero no parecía que hubiera hecho mella en la determinación de Las Casas. ¿De dónde procedía su fe en la bondad de los métodos que propugnaba para la conquista pacífica del Nuevo Mundo? En parte, de la mesiánica convicción de que Dios le había señalado el camino para redimir sus pecados y para liberar a los indígenas de sus padecimientos. Pero también del elocuente argumento de los hechos. Él mismo había demostrado ya, con obras y no sólo con palabras, que sus propuestas no sólo eran deseables sino posibles. Aunque la verdad era que aquella demostración había resultado ser una dura experiencia.

Desde que, a los treinta años de edad, comprendiera la verdadera dimensión de la tragedia del Nuevo Mundo, una tragedia a la que él no era ajeno, Bartolomé de las Casas no había cesado de proponer planes de acción para terminar con ella. No era hombre que se contentara con lamentaciones. Lo primero que hizo, como tantas otras veces volvería a hacer con el paso de los años, fue embarcarse rumbo a España, acompañado esta vez por fray Antonio de Montesinos, el hombre que le había abierto los ojos a la explotación que padecían los indios americanos. Y a fines del año 1515, Las Casas conseguía ser recibido por el mismísimo rey Fernando el Católico, ya viejo entonces pero todavía impregnado del espíritu maquiavélico (en él se inspiró precisamente Maquiavelo para escribir su célebre obra) que presidió siempre su poco escrupulosa acción política. Poco podía esperar Las Casas de un monarca así, pero el fallecimiento del rey, un mes después de su encuentro, vino a despejar el camino de sus reclamaciones, pues el nuevo regente, el cardenal Cisneros, se mostró desde el primer momento mucho más receptivo a ellas. Con las pocas credenciales que había podido conseguirle Montesinos y con la sola fuerza de su elocuencia, Las Casas supo ganarse al cardenal y le convenció para que le encargara remediar los males de las Indias.

Pero aquel apoyo, con ser importante, chocaba con los intereses de otros importantes personajes de la corte. Las Casas se vio obligado a entablar un pulso con el obispo de Burgos y a la sazón encargado de los asuntos de las Indias, don Juan Rodríguez de Fonseca, y con el secretario de éste, López de Cochinillos. Aquellos dos personajes, abiertamente enemigos de los indígenas americanos, intrigantes y con intereses económicos en el Nuevo Mundo, eran el gran obstáculo a salvar, junto a la burocracia castellana. Fue entonces cuando tuvo lugar una conversación clave en la vida de Bartolomé de las Casas. Había acudido al obispo Fonseca para relatarle la atroz muerte, en sólo tres meses, de 7.000 niños indígenas de Cuba. La respuesta del prelado no pudo ser más desdeñosa e hiriente:

—Mirad qué donoso necio, ¿qué se me da a mí y qué se le da al rey?

—¿Que ni a vuestra señoría ni al rey que mueran aquellas ánimas no se da nada? ¡Oh, gran Dios eterno! ¿Y a quién se le ha de dar algo? —estalló Las Casas.

Al salir de aquella audiencia, como señala Alcina Franch, «en realidad había estallado una guerra que no acabaría nunca: la lucha por la justicia en las Indias». Durante cuatro años, el combate de Las Casas sería contra Fonseca, su primer gran enemigo. Y, durante esa lucha, descubriría las artimañas del poder, el obstruccionismo burocrático y el sabor amargo de la derrota.

Compuso el clérigo sevillano su *Memorial de remedios*, con la desdichada idea de usar esclavos negros en vez de indios, y fue encargado por Cisneros para designar a los misioneros que debían poner coto a los males del Nuevo Mundo. Las Casas, que era sacerdote pero que todavía no había tomado los hábitos de dominico, escogió a tres priores jerónimos a fin de evitar la rivalidad entre dominicos y franciscanos. Una elección equivocada pues, en parte por las insidias de Fonseca, en parte por el débil carácter de los jerónimos y su ignorancia en la materia, y en parte porque las instrucciones de Cisneros eran ambiguas y dejaban al arbitrio de éstos el liberar a los indios de las encomiendas o no, según viesen que era posible, lo cierto es que muy pronto Las Casas estaba enfrentado a quienes él mismo había elegido. Conflicto al que seguramente tampoco era ajena la presión que el impaciente clérigo había ejercido sobre los jerónimos para que actuaran sin dilación.

Ya de vuelta a la isla de La Española, el enfrentamiento se hizo total y la conjura de los partidarios de los encomenderos logró incluso enemistar a Cisneros con Las Casas. De modo que, cuando el clérigo sevillano decidió regresar de nuevo a España para exponer sus quejas por la nula labor desempeñada por quienes debían reformar las Indias, no hizo sino adelantarse a la orden que Cisneros había dictado para que regresara. La orden decía: «Y si en su venida alguna dilación o impedimento pusiese, enviadlo preso y a buen recaudo.» En España supo Las Casas de la animadversión de Cisneros, pero éste murió a los pocos días de su llegada. Por segunda vez la muerte despejaba el camino de sus pretensiones reformistas. Y el nuevo Gran Canciller, el flamenco Jean Le Sauvage, que gozaba de la consideración del joven soberano Carlos V, simpatizó de inmediato con las tesis de Las Casas, que redactó un nuevo manual de remedios, en colaboración con Montesinos, en el que se recogía ya la propuesta (influenciada sin duda por el libro de reciente publicación *Utopía*, de Tomás Moro) de sustituir a los conquistadores por campesinos. También se abogaba por el reconocimiento legal de los matrimonios mixtos entre españoles e indígenas. Pero en esa ocasión la muerte jugó sus cartas contra los planes de Las Casas y así el súbito fallecimiento de Le Sauvage, cuyo espíritu tolerante le había llevado incluso a intentar limitar los poderes de la Inquisición, abortó la aplicación de los nuevos remedios. El propio Las Casas llegó a decir, al dar cuenta del fallecimiento, que «con él moría la salvación de los indios».

No cejó, sin embargo, Las Casas en sus críticas al sistema de encomiendas: «Si las vidas, si las industrias, si los trabajos, si los frutos, que de ello proceden, todo es ajeno y para aquellos que los tienen en encomienda, yo no sé dónde está la libertad de los indios, sino sólo escrita en las leyes, pero no ejecutada en los que habrían de gozar de ella». Y empeñado en enderezar tales entuertos, Las Casas intentó poner en práctica algunas de sus propuestas, aunque no tardó en estrellarse de nuevo contra las debilidades humanas (los campesinos que reclutó para poblar una franja del continente americano se le dieron a la fuga), contra los accidentes climatológicos y contra sangrientas tragedias como la matanza de misioneros perpetrada en la región de Cumaná por los indios a causa de las incursiones de aquéllos para tomar esclavos, unas incursiones que revelaban además una clara traición a la confianza que había depositado en ellos Las Casas al enviarlos a aquellas tierras.

Tal cúmulo de desencantos y deslealtades condujo al clérigo sevillano a una profunda crisis. La tarea que se había impuesto parecía exceder incluso a su entusiasta vitalidad. Tenía que buscar fuerza dentro de sí para afrontar semejante reto, de modo que decidió ordenarse dominico y, a partir del año 1522, llevar una vida retirada, en diferentes conventos de la isla de La Española, que le permitiera prepararse intelectualmente. Sin embargo, su carácter combativo no podía contentarse por mucho tiempo con tanta tranquilidad, por creativa que ésta fuera. Y así, tras una década dedicada al estudio, a la consulta del archivo personal de Cristóbal Colón, que estaba en posesión del hermano de éste, Diego Colón, residente en la isla y amigo de la familia de Las Casas, y a la escritura de *Historia de las Indias*, Bartolomé de las Casas logró un gran golpe de efecto que le ayudaría a cimentar su prestigio a ojos del rey: en el año 1535, consiguió pacificar al rebelde cacique Enriquillo.

El cacique Enrique o Enriquillo, como se le conocía popularmente, había sido educado por los frailes franciscanos en el convento de Xaragua, sabía hablar, leer y escribir en castellano pero, desde 1519, se hallaba en franca rebelión contra los españoles. Su refugio estaba en el intrincado macizo montañoso de Baoruco, donde se había hecho fuerte junto a algunos centenares de indios y un puñado de esclavos negros. La causa de su rebeldía estaba en las tropelías cometidas por el encomendero Valenzuela, que tenía a su cargo las tierras que antaño formaran el cacicazgo. Valenzuela no se había contentado con maltratar sistemáticamente a los indios de su encomienda sino que, además, había violado a la esposa de Enriquillo. Las Casas vio en aquella difícil situación la oportunidad para demostrar que pacificar a los indígenas sin violencias no era cosa de locos ni de ingenuos. Con la sola compañía de otro fraile dominico se internó en el Baoruco, encontró a Enriquillo, convivió con él y con su gente durante un mes y, según sus palabras, «le quitó todos los muy justos temores que tenía».

El éxito de su misión fue total y volvió a repetirse dos años después, en 1537, muy lejos de la isla de La Española. La rueda de la fortuna había querido que sus pasos, que en principio deberían haberle llevado hasta el Perú, donde aspiraba a reparar los desaguisados perpetrados por Pizarro, le condujeran primero a Nicaragua a causa de un desastre marítimo. Durante su estancia en Nicaragua no sólo concibió la idea de aprovechar su gran lago interior para abrir un estrecho que comunicara el océano Atlántico con el Pacífico (adelantándose así varios siglos al proyecto del canal de Panamá), sino que también excomulgó a las autoridades españolas de la región por sus planes de llevar a cabo nuevas conquistas militares contra los indios.

Las Casas fue nombrado después vicario de la villa guatemalteca de Santiago cuyos habitantes, exasperados por las continuas arengas del clérigo en contra de las encomiendas, le desafiaron a aplicar sus ideas a la levantisca región de Tezulutlán, llamada «Tierra de guerra» por estar habitada por indios singularmente montaraces. Las Casas puso una condición previa: que durante cinco años ningún español que no fuese clérigo pisara dicho territorio. Con ello, adelantaba la idea de mantener apartados a los españoles de las poblaciones indias como mejor modo de poder instaurar en ellas un verdadero reino de Dios, respetuoso con sus culturas y organizado con justicia. Una idea ambiciosa que volvería a tomar forma después de su muerte, a partir del año 1604 y durante algo más de un siglo, en las reducciones que los jesuitas organizaron en el Paraguay, una suerte de próspera república comunista indígena en la que no existía la propiedad privada y que levantó la admiración de los ilustrados del siglo XVIII y las iras de los encomenderos españoles de su tiempo.

La aventura de Las Casas en Tezulutlán corrió mejor suerte que la posterior de los jesuitas (que fueron expulsados tras ver cómo portugueses y españoles destruían su paraíso). Las Casas escribió e hizo traducir a la lengua quiché unas coplas que pregonaban la doctrina cristiana y encargó a cuatro mercaderes indígenas que las cantaran por las tierras de Tezulutlán y que contaran a quienes les escucharan cómo eran los autores de tales canciones. La descripción que los mercaderes hicieron a los caciques no podía ser más tranquilizadora: los frailes «no comían carne, ni querían oro ni mantas, ni plumas, ni cacao; que no eran casados ni tenían pecado porque no trataban con mujeres». Así, precedido de músicas, entró Las Casas en la tierra donde nadie podía entrar y fue bien acogido por los indígenas. Con ese éxito bajo el brazo viajó a España en el año 1540, donde le esperaba la ímproba tarea de participar en la elaboración y aprobación de las *Leyes nuevas*.

La suya había sido, sin duda, una vida de esfuerzos y de luchas. Una vida de la que sentirse orgulloso y, sin embargo, la conciencia todavía le había incomodado en el mismo lecho de muerte. En ese desasosiego no sólo pesaba la esclavitud de los negros, había también otras «negligencias» que le atormentaban. Las malas acciones que habían cometido quienes él había enviado con una misión redentora, pero sobre todo las malas obras que él mismo había realizado como encomendero porque él, también él, había hecho sentir en su juventud el yugo de la esclavitud a los indígenas taínos.

Movido por la fascinación del Nuevo Mundo, y tras haber participado como soldado en la represión del levantamiento morisco de Granada, Las Casas había dejado su Sevilla natal rumbo a las Indias en busca de fortuna, en el mes de febrero del año 1502, a los diecisiete años de edad y en compañía de su padre. Había viajado junto a otros 2.500 españoles en la expedición, capitaneada por Nicolás de Ovando, en la que debía haber viajado también otro joven llamado Hernán Cortés que se vio, sin embargo, retenido en tierra por las fiebres ocasionadas por el fenomenal porrazo que se propinó al caer de una tapia cuando perseguía los amores de una dama. Paradojas de la vida, los primeros años de Las Casas en América estuvieron entrecruzados con los del futuro conquistador de México, a quien conoció personalmente y sobre el que después vertería feroces críticas en su obra *Brevísima relación de la destrucción de las Indias*.

En La Española, Las Casas probó fortuna como minero y también como soldado, participando en la campaña contra la cacica Anacaona. Y pudo ver con sus propios ojos la matanza de jefes indígenas perpetrada por los españoles en medio de la fiesta que aquéllos habían organizado en su honor. En el año de 1507 trocó su vida militar por la de sacerdote y en 1511 tomó parte como encomendero en el poblamiento de Cuba, al igual que Hernán Cortés. Como éste, cultivó primero la amistad del gobernador Diego Velázquez y terminó también enfrentándose a él, aunque por razones bien distintas. Las Casas había escuchado el polémico sermón contra la esclavitud de los indios predicado por fray Antonio de Montesinos, que tanta polvareda había levantado entre la colonia española, y sus palabras le impresionaron vivamente. Tres años más tarde, el encomendero y no muy buen sacerdote Bartolomé de las Casas decidía renunciar a los indios que tenía en encomienda, cosa que comunicó al gobernador Velázquez para pasmo de éste. Pasmo que se convirtió en ira cuando el sacerdote comenzó a denunciar sin piedad los males de las encomiendas, algo que los encomenderos de la isla no le perdonarían jamás.

Pero quizá las «negligencias» que se reprochaba Las Casas en su lecho de muerte se remontaban más atrás, a su adolescencia, al año de 1499, cuando él era sólo un mozalbete y su padre acababa de regresar de aquel novísimo Nuevo Mundo adonde había partido en el segundo viaje de Cristóbal Colón, junto a su tío Francisco de Peñalosa. Su padre traía consigo un fabuloso y exótico regalo que le había dado el mismísimo Colón: un joven esclavo indio taíno al que bautizaron con el nombre de Cristobalillo.

En la bullanguera y portuaria Sevilla de su adolescencia, donde había nacido en 1484 y donde Las Casas acudía a la escuela del lingüista Antonio de Nebrija (a quien debía su profundo conocimiento de la lengua latina), empezaba a ser habitual ver esclavos indígenas traídos por los cada vez más numerosos españoles que viajaban a las tierras descubiertas por Colón siete años antes. Se les exhibía «medio desnudos y con plumas, hasta que el cabildo lo prohibió», según explica el historiador Olaizola. Y el joven Bartolomé tenía el suyo propio, su Cristobalillo que le acompañaba en los juegos pero al que también gustaba lucir por la calle, haciéndole caminar unos pasos detrás, y a quien cedía para la vendimia de la uva, a cambio de algún dinero que nunca venía mal pues, a fin de cuentas, Bartolomé era hijo de un panadero de poca fortuna y con demasiados pájaros en la cabeza.

Aquellos primeros abusos sobre su joven indígena pesaron en la conciencia del futuro obispo de Chiapas durante toda su vida, pese a la amistad que también les unió. Una amistad que, años después, hizo que el clérigo sevillano buscara en tierras americanas a aquel Cristobalillo que tan sólo estuvo unos meses a su servicio, pues una orden dictada por la reina Isabel la Católica en 1500 obligó a devolver a su tierra de origen a los esclavos indios traídos de América. Una primera y efímera liberación de los indios en España que, durante años, Las Casas intentó hacer realidad también en el Nuevo Mundo.

Y es que la imagen que nunca se borró de la imaginación del defensor de los indios, la que le acompañó hasta el fin y evocó en más de una ocasión, fue la de aquel lejano día del 31 de marzo del año 1493 cuando, a los siete años de edad y como muchos otros sevillanos, acudió a recibir a la comitiva que encabezaba Cristóbal Colón, el genovés que había partido el año anterior rumbo al oeste en busca de una nueva ruta para llegar a las Indias. Ahora, de vuelta de su viaje y despertando la admiración allí por donde pasaba, se dirigía por tierra desde el puerto de Palos hacia Barcelona, donde estaban los Reyes Católicos. Y ante sus ojos infantiles, entre papagayos verdes y carátulas de espina de pescado, vio pasar Bartolomé a siete indios, los primeros que pisaban el Viejo Mundo, magníficos y sobrios, rodeados de adornos de plumas y perlas y oro. Una mirada deslumbrada por el enigma de otro mundo, como oscura simiente de la voz de una conciencia que se alzaría, muchos años más tarde, para no callar nunca. Ni después de muerta.

# Tras las huellas de los moriscos

Esta historia es la de un viaje en el espacio y en el tiempo. Comenzó hace cuatrocientos años. Es pues una vieja historia, llena de amores, traiciones, ambición y muerte, como toda buena historia, cuyo recuerdo ha ido evaporándose en el desván de la memoria colectiva hasta convertirse en polvo. Pero es también una historia actual. Empezó en el año 1610, en un pueblecito de Extremadura llamado Hornachos, y todavía continúa hoy en la capital del reino de Marruecos, Rabat.

Sus primeros protagonistas fueron algunos de los moriscos, descendientes de los musulmanes españoles que permanecieron en España tras la caída del reino de Granada, en el año 1492, y que fueron expulsados del país por el rey Felipe III a principios del siglo XVII. Sus vidas fueron tan desventuradas como habían profetizado los textos clandestinos con que alimentaron su fe islámica en la España dominada por los cristianos. En la nueva patria de su exilio, Rabat, a partir del año 1610, hicieron verdad los versos de la profecía que, poco antes de su expulsión, les había descrito así: «Son los perseguidos, son los atribulados, son los destruidores de sí mismos.» Pero, cuatro siglos después, su sangre sigue latiendo en las venas de los protagonistas de hoy, sus descendientes: los andaluces de Rabat.

La ciudad de Rabat no tiene el tamaño de la industrial Casablanca ni la fama exótica de Marrakech ni una medina gigantesca como la de Fez. Es una ciudad de amplios barrios modernos, más administrativa que turística, en la que el viajero puede entablar conversación con los lugareños sin que la charla termine en propina, y recorrer sus calles sin verse perseguido por niños mendicantes. Pero bajo la concha laboriosa y ajetreada de capital del reino se esconde la perla de su barrio viejo: las callejuelas de la medina y de la ciudadela de la kasba, la fortaleza que preside la desembocadura del río Bou Regreg. Las mismas calles que fueron el escenario de la azarosa vida de una república pirata independiente llamada de Salé, por ser éste el nombre que la ciudad tenía en el siglo XVII, y que fue fundada por los moriscos españoles a su llegada a la villa. Durante casi medio siglo, aquella república se convirtió en azote de las armadas cristianas, ya fueran españolas, francesas o inglesas. Sus incursiones llegaron hasta la remota y fría Islandia, donde saquearon la ciudad de Reykjavik, e incluso se atrevieron en alguna ocasión a disputar a los temibles filibusteros los tesoros de las costas del Caribe. A tal punto llegaron la fama y el temor a los corsarios del Salé que el mismísimo cardenal Richelieu ordenó el asedio marítimo de la república morisca, y los embajadores de Holanda, Inglaterra y España pugnaban por ganarse los favores o, al menos, la neutralidad de la flota saletina en la larga guerra que colapsaba Europa y que ha pasado a los libros de Historia con el nombre de Guerra de los Treinta Años.

La medina de Rabat no produce el espejismo de un laberinto infinito, como los que pueblan los relatos de Borges, sino más bien la sensación de recorrer uno de esos laberintos domésticos que abundaban en los jardines barrocos: enrevesados pero placenteros, hechos a la medida del hombre y no del Minotauro. Su dédalo de callejones estrechos de paredes blancas, sobre las que destacan hermosas puertas pintadas de azul, de amarillo o de rojo, se organiza en torno a cinco calles principales. Tres que lo recorren verticalmente, paralelas al río: la avenida Mohamed V, la rue Sidi Fatah y la rue des Consuls. Dos que lo atraviesan horizontalmente, paralelas al mar: el bulevar El Alou y la larga calle de los mercados, la rue Souika, que nace en el Mercado Central y muere a orillas del Bou Regreg. De noche, adentrarse en la laberíntica medina tiene mucho de enigma, más aún si el viajero lo hace siguiendo los pasos de un hombre encapuchado que le conduce, alumbrando el camino con un farol de luz amarillenta, hasta la puerta del restaurante que tiene merecida fama de ser el mejor de la ciudad, el Dinartjat.

El hombre del farol se llama Hicham Kbaili y es un estudiante de Derecho que se gana así la vida, encarnando el papel de guía luminoso. Y el restaurante Dinartjat esconde en su interior un patio cubierto y rodeado de columnas que traslada al viajero a tiempos de perdido esplendor, aunque en realidad la casa que lo alberga tiene menos de dos siglos de vida. Son gratas escenografías en honor del visitante que preparan el espíritu para el encuentro con el verdadero pasado, el que llega de la mano del trío de músicos que ameniza la cena: la música andalusí que trajeron hasta Marruecos las sucesivas oleadas de musulmanes expulsados de España. Una música cuya vecindad con el flamenco es evidente incluso para un oído sin cultivar.

Al compás de las melodías andalusíes es fácil echar a volar la imaginación hasta el remoto día en que los moriscos españoles llegaron a la desembocadura del Bou Regreg. El Bou Regreg era entonces, como lo sigue siendo hoy, un río sinuoso de orillas arenosas y aguas traicioneras que hacían la navegación extremadamente difícil. En su orilla izquierda se levantaban los restos de una antigua y amurallada *ribat* (campamento amurallado, de donde le viene el nombre actual de Rabat), edificada en el siglo XI por el poderoso Almanzor. En el extremo norte de la *ribat* había una casba, una gran fortaleza que albergaba en su interior una pequeña ciudadela de calles tortuosas. En la orilla derecha estaba la villa de Salé poblada por piadosos musulmanes que se dedicaban a la pesca y al comercio.

Las dos orillas del Bou Regreg pronto iban a estar separadas por algo más que un cauce de agua. Y todavía hoy, la villa de Salé guarda su enfrentada personalidad con Rabat, pese a que un puente y la administración municipal las hayan unido.

La apacible vida en la desembocadura del Bou Regreg empezó a cambiar el día en que 3.000 moriscos españoles, vecinos casi todos del mismo pueblo extremeño de Hornachos, llegaron a la villa de Salé reclamando la hospitalidad de sus habitantes. Se habían contado entre los primeros moriscos expulsados por el rey de España, dudoso privilegio que se debía a su fama de rebeldes y orgullosos, de la que daban testimonio las muchas historias que se contaban sobre los rituales que practicaban para librarse de la señal del bautismo y sobre los arsenales de armas que, según se decía, ocultaban en cuevas para alzarse contra los cristianos que habían ido a instalarse en la rica vega del río Matachel donde se alzaba la villa de Hornachos y de la que habían sido expulsados sin contemplaciones aunque, tal vez en reconocimiento a su valor y tenacidad, sí que se les había autorizado a llevarse muchas de sus riquezas, para frustración de los cristianos que contaban con engordar sus faltriqueras gracias a ellas. Eran los derrotados hermanos de Al-Andalus, pero sus maneras, costumbres e incluso creencias religiosas, después de más de un siglo de vida en un país oficialmente cristiano, no hacían sino escandalizar a los musulmanes de Salé.

Los moriscos vestían a la europea, sus mujeres iban descubiertas, los hombres gustaban de beber vino y la lengua en que se expresaban habitualmente era la castellana. Incluso había entre ellos algunos que se proclamaban cristianos y no hacían sino quejarse de la injusticia de su expulsión, como dejó escrito Miguel de Cervantes en *El Quijote*, uno de cuyos personajes, Ricote, encarnaba la desdicha de aquellos moriscos que, convertidos sinceramente al cristianismo, se vieron arrojados de España. Por todo ello, los recién llegados pronto fueron designados por los habitantes de Salé como «los cristianos de Castilla», pues es cruel paradoja del exilio el perder una tierra sin llegar a ganar otra. Así, los moriscos españoles eran musulmanes a los ojos de España y cristianos a los de sus nuevos vecinos de Salé.

Rechazados en la villa de Salé, los 3.000 hornacheros decidieron instalarse en la *ribat* abandonada que se alzaba en la otra orilla del río. Al igual que había sucedido un siglo atrás, con la llegada de los judíos expulsados de España, pronto la comunidad de los moriscos dio muestras de una gran capacidad de organización. No en vano España se había deshecho, sucesivamente, de dos comunidades en las que abundaban comerciantes, médicos, artistas, artesanos y agricultores. No tardaron los hornacheros en conseguir del señor de Marrakech, el sultán Mawley Zaidan, el encargo de custodiar la casba. Y al cabo de unos pocos años, en 1627, una vez bien implantados en la ciudadela, proclamaron su independencia.

La huella de su paso por la ciudad es todavía hoy visible en la larga muralla rojiza que cierra el lado oriental de la medina de Rabat. Se la conoce como la «muralla de los andaluces» y fue edificada por los moriscos de Hornachos cuando propiciaron la llegada a la villa de más exiliados de España, a los que asentaron en lo que hoy es la medina, y con los que constituyeron una república dedicada a la piratería. Salé la Nueva, como se la conocía entonces, se convirtió pronto en un activo centro comercial y en lugar de cita para los profesionales del corso venidos de media Europa, que pusieron sus conocimientos al servicio de los emprendedores hornacheros. Entre aquéllos estaba el holandés renegado Jan Jansz, más conocido como Morat Rais, que sería nombrado almirante de la armada saletina.

Pero, como ha ocurrido en tantos otros lugares que fueron escenarios de empresas piratas (tal es el caso de la olvidada isla de la Tortuga, al otro lado del Atlántico, de la que no queda más que la belleza de su paisaje, la leyenda de sus bucaneros y algunos cañones semienterrados entre ruinas comidas por la vegetación), la memoria de aquella lejana aventura pervive más en las palabras que en las cosas. Recorriendo la medina de Rabat apenas si hay ya rastro físico alguno del paso de los moriscos. En su laberinto se mezclan las droguerías, los hornos de pan, las tiendas de alfombras y tapices, las babuchas multicolores alineadas en minúsculos anaqueles, los montones amarillos, rojos, grises o blancos de comino, cúrcuma, azafrán, pimienta o canela, que convierten los mostradores de las tiendas de especias en remedos populares de los lienzos de Mondrian y llenan el aire de aromas embriagadores. Hay cestillos de lentejas, de maíz, de sémola, de garbanzos alineados sobre las aceras, y telas de arpillera sobre las que se amontonan coles, perejil, berenjenas, tomates y toda suerte de verduras, en medio del lodo que la llovizna provoca. Nada es en la medina exactamente lo que parece. Un elegante arco encolumnado es en realidad la entrada a unos baños públicos. Un grueso portalón de madera da paso no a una vivienda sino al recoleto patio donde trabajan los vendedores de telas. Y al final de un callejón sin salida, mísero y desierto, una puerta pequeña y discreta sirve de entrada a la hermosa mansión que fuera antaño consulado de Francia y después morada del escritor André Chinier. El nombre de la calle en la que nace el callejón, la rue des Consuls, evoca el antiguo poderío de la república pirata de los moriscos, cuando embajadores de media Europa urdían sus secretas negociaciones tras los recatados muros de sus edificios. Sin embargo, la única lengua europea que se escucha hoy en los recovecos de la medina es la francesa, y las casas, carcomidas por el salitre, han ido sucumbiendo y dando paso a nuevas y precarias edificaciones. Sólo queda la fuerza invocadora de los nombres: un puñado de sonoros apellidos moriscos.

—¿Los descendientes de los andaluces? Claro que sí, hay muchas familias en la medina —responde Alí Aït Rami, sentado tras el diminuto mostrador de su tienda de vendedor de zapatos—. El dueño de esta zapatería, por ejemplo, es el señor Nsardi Carracso, un abogado que vive en París.

La familia Carracso (corrupción del apellido Carrasco), la familia Chamorro, la familia Palomino, la familia Ronda, la familia Piro, la familia Blanco, la familia Moreno... Algunos comerciantes de la rue Souk Sebbat (la calle del Mercado de los Zapatos) se suman a la conversación y añaden nombres a la lista. Pero nadie puede dar una pista segura de alguno de los miembros de esas familias. «Los Chamorro ya no viven en la medina», «a los Carracso los conocí de niño pero no sé dónde están hoy», «¿queda algún Ronda?». Solamente Alí deja una puerta abierta: «Puede preguntar en el Mercado Central, allí tiene un puesto de frutos secos el señor Ahmed Piro.» Es una posibilidad, pero hay también otros caminos para seguir las huellas de los moriscos en Rabat, aparte de la chismografía de la medina.

El café Moro abre su terraza en el interior de la casba, sobre la muralla que da al río y justo al lado del Jardín Andaluz. Un lugar tranquilo y recoleto, ideal para charlar. Allí encuentra el viajero al historiador e hispanista Hossein Bouzineb que evoca el impacto de la llegada de los moriscos a Rabat: «Por expresarlo de un modo actual, su forma de vida les llevó a enfrentarse a los integristas que habitaban Salé, por eso estalló la guerra entre las dos orillas del río.» Y añade algunos nombres a la lista de descendientes andaluces de la villa: «Están el señor Molato, que es encuadernador, el señor Mohamed V Bargach, que es coronel del ejército marroquí, y la familia Tredano, que me parece que tiene una tienda de electricidad.»

Sin embargo, el primer descendiente de andaluces con que el viajero habla trabaja a muy pocos metros del café Moro, en las oficinas del Museo de los Oudaias situadas en el Jardín Andaluz de la kasba. Es el inspector de Monumentos Históricos de la Villa de Rabat, Abderramán Al-Fajar, un arquitecto de cuarenta años de edad que no tiene inconveniente en hacerse acompañar por su padre, Tahib Al-Fajar, verdadera memoria viviente de la medina.

«Aquí han quedado muchas palabras españolas en el habla árabe cotidiana —explica el señor Tahib Al-Fajar—. A los bares se les llama así, en español, y tenemos una sopa típica de Rabat, de origen andaluz, que se llama *harira bofortuna*, es decir, sopa de la buena fortuna. Yo me siento orgulloso de ser andaluz porque ellos fueron quienes trajeron la civilización a Marruecos cuando estaba en plena decadencia.» Y su hijo apostilla: «Son los andaluces los que han construido el Rabat actual.»

Esa huella española traída por los exiliados moriscos está presente también, para Abderramán Al-Fajar, incluso en sus episodios más trágicos, como la guerra civil que se vivió en el seno de la república pirata entre los años 1636 y 1641, cuando los moriscos andaluces que vivían en la medina se rebelaron contra los moriscos de Hornachos que habitaban en el interior de la casba y que detentaban el poder político. «En realidad —comenta Abderramán con una sonrisa irónica—, siempre he creído que la primera de las guerras civiles españolas fue aquélla.»

Una vez establecido el primer contacto con los andaluces de Rabat, la medina comienza a desvelar sus secretos y, de ese modo, los invisibles hilos de la memoria empiezan a hacerse perceptibles. El viajero hace un alto, en su paseo desde la kasba hasta el Mercado Central, para visitar el Hotel des Oudaias, de bella fachada, destartaladas habitaciones y recepcionista intratable, y descubre que sus clientes son en su mayoría alumnos de la Escuela de Arte Dramático. Nouaman Aourag explica, en castellano, que está preparando una tesis sobre el teatro de Fernando Arrabal, y Abdeslam Bahida lee la traducción árabe de *Cien años de soledad*, mientras su amigo Mohamed y sus compañeras de escuela, Mounia y Nahraouane, escuchan una casete de Juan Luis Guerra y hablan del homenaje que va a rendirse en la ciudad a Jean Potocki, aquel noble polaco enamorado de Marruecos que escribió un enigmático relato gótico ambientado en España y que puso fin a su vida, disparándose un tiro en la sien, con una bala que él mismo había fabricado pacientemente a partir de la bola de la tapadera de su tetera.

En el Mercado Central encuentra por fin el viajero al señor Ahmed Piro, que por su aspecto podría pasar perfectamente por un atareado comerciante madrileño si no fuera por la negra chilaba con que se cubre. Como tantos otros andaluces de Rabat, apenas guarda recuerdo de la historia de sus antepasados. «Pero sentimos siempre una nostalgia de España —explica en un inseguro francés—. A mí me encanta que me llamen andaluz, es un título de honor.»

Esa nostalgia es la que ha llevado a su hija, Nargis, a estudiar español, y es también la que hace que Ahmed Piro dedique sus ratos libres a tocar música andalusí en un grupo llamado Chabab Al-Andalus que ha dado recitales en Estrasburgo, París, Ginebra o Sevilla. «La música es una de las cosas que más unen a las familias andaluzas de Rabat», explica. Unas familias que, además, tienen tendencia a casar entre sí a sus miembros, como atestigua el hecho de que su esposa pertenezca a la familia andaluza de los Sepata.

Al igual que la familia Piro, la ginecóloga Chadía Tredano suele viajar mucho a España. Sus hijas tienen incluso unos trajes de sevillanas y su entusiasmo por lo español parece haber contagiado también a su esposo, Hamid Khelfaoui, un militar de origen turco metido a constructor. «Pasamos cuatro meses al año en España —explica la doctora Tredano—. Fue mi padre quien nos contó que procedíamos de Al-Andalus, quien nos inició en la cultura española, quien nos trajo fotos de la Alhambra.»

Los dos hermanos de la doctora, Samir y Boukber, regentan el negocio familiar de electricidad en el bulevar Mohamed V y, sentados a la mesa de uno de los cafetines del Mercado Central, se arrancan a cantar un aire flamenco como elocuente prueba de su gusto por la música andaluza de ambos lados del estrecho de Gibraltar. Pero si en el dédalo de la medina se pierden los visitantes despistados, también parece extraviarse en él a veces la memoria de algunos de sus habitantes. Así, los miembros de la familia Tredano, de religión musulmana, parecen no darse cuenta de que su apellido (corrupción de Toledano) es el mismo que portan muchos de los judíos sefardíes. En otros casos, como el del encuadernador Mohamed Molato, lo que se ha perdido es el interés: «Sé que mi familia es de origen andaluz y me gusta la música andalusí, pero en mi casa no hablamos de nuestros orígenes, sobre todo los que tenemos menos de cuarenta años. Nosotros pasamos ya de esas historias.»

En el otro plato de la balanza de la memoria está el coronel Mohamed V Bargach (apellido que es la transcripción francesa de Vargas), cuyo entusiasmo por la historia de los moriscos españoles venidos a Rabat nace de razones personales, además de intelectuales. Gracias a la ayuda de otra de las memorias vivientes de Rabat, el señor Ahmed Amin Bel-Gnaoui, profesor retirado y erudito enciclopédico, logra el viajero concertar una cita con el coronel Bargach, que le recibe armado de una botella de whisky, un humor explosivo, una elocuencia juvenil y una documentación desbordante.

—¿Que si sé algo de mis orígenes moriscos? ¡Lo sé todo! Mire, vea este dossier que el mismísimo rey de España, Alfonso XII, envió a mi bisabuelo, que era ministro de Asuntos Exteriores del sultán de Marruecos.

El documento, explica, hace referencia al marqués de Villanueva de la Sagra y de la Nava de Bercina. El coronel Bargach señala exultante los párrafos según los va leyendo. Al final, quizá para esclarecer el galimatías de sus antepasados, concluye: «He podido reconstruir mi árbol genealógico hasta el primer Vargas que llegó a Rabat en el mes de marzo del año 1610. Se llamaba Juaibe Vargas y su hijo, Brahim Vargas, fue el primer gobernador de la república pirata de Salé, en 1627.»

De repente, la vieja historia ha tomado cuerpo en este salón de paredes cubiertas por retratos de ilustres antepasados. Como una certera flecha lanzada a través del tiempo, la saga de los Vargas ha permanecido vinculada al gobierno de Rabat desde hace cuatrocientos años, hasta llegar a esta botella de whisky que mengua y a esta conversación que se ramifica y viaja de ayer a hoy incesantemente. «Cuando estalló la guerra civil en la república pirata, los Vargas se fueron con los hornacheros, que fueron derrotados, al otro lado del río, a Salé la Vieja, y allí vivieron durante ciento cuarenta años, hasta que se tranquilizaron las cosas y pudieron regresar a la medina de Rabat —relata el coronel como si él mismo hubiera sido testigo de tales hechos, como si el velo del tiempo se hubiera rasgado y los personajes de todas las épocas se confundieran—: El primer Vargas que llegó a Rabat era un inconformista, porque era cristiano y prefirió exiliarse junto a los moriscos y convertirse después al islam; desde entonces, todos los Vargas hemos sido un poco inconformistas. Hemos estado muchas veces cerca del poder, pero ha sido siempre para intentar que se ejerciera justamente, con tolerancia.»

Ese espíritu tolerante de los andaluces, heredero de los tiempos en que un monarca castellano como Alfonso X el Sabio podía decir que era «el rey de las tres religiones», todavía pervive en la vida cotidiana de Rabat. El anciano Tahib Al-Fajar, al evocar su juventud, había hablado de cómo los descendientes de los andaluces convivían amistosamente con la comunidad hebrea de la ciudad que habitaba en el barrio judío de la medina, llamado la Mellah. Hoy no quedan en la populosa Mellah más que cuatro familias judías, pero su sinagoga, que dista poco más de cincuenta metros de la mezquita, sigue viva.

Una anciana vendedora de cigarrillos sueltos, sentada bajo el arco de la muralla que da paso a la Mellah, señala al viajero el portal donde vive Isaac Oaknim, el guardián de la sinagoga, un viejo hombretón de gafas gruesas que le invita a asistir a la celebración del Sabath. Y ese atardecer, a la espera de la salida de la primera estrella, el viajero asiste al ritual sefardita con que diez hombres celebran, devotos y hermanados, su asombrosa soledad en pleno corazón de la medina musulmana de Rabat.

A la mañana siguiente, mientras el sol pugna con la neblina que se cuela desde el Atlántico, el viajero visita por última vez, antes de partir, las altas murallas de la casba, que se tiñen de rojo aupadas al promontorio rocoso desde el que vigilan la desembocadura del Bou Regreg. Al pie de las almenas, cabalgando las mismas olas ariscas que fueron terror de los barcos enemigos, los jóvenes modernos de Rabat, con el pelo trenzado a la moda rastafari, intentan conservar el equilibrio sobre sus tablas de surf, ajenos a la historia de aquellos moriscos que se hicieron piratas para salvaguardar su libertad y de cuya loca aventura, malograda por sus propias disputas internas, fue testigo el traicionero Bou Regreg hace casi cuatrocientos años.

# Los silencios del capitán Dreyfus

Bajo el espeso calor del trópico, la minúscula isla del Diablo, situada en la Guayana francesa, era toda ella una temible prisión. Sobre el promontorio emplazado al sur se levantaba, rodeado de palmeras, el cuartel de los guardianes con su torre de vigilancia y, a su lado, una modesta cabaña blanca, de cuatro metros de largo por cuatro de ancho, con techo a dos aguas ondulado y ventanas enrejadas. Corría el mes de septiembre del año 1896 y en el interior de la cabaña un hombre delgado, tembloroso de fiebres y de angustia, se esforzaba en escribir el diario de su encarcelamiento:

«Hoy, jueves 10 de septiembre, estoy tan cansado, tengo tan rotos el cuerpo y el alma, que pongo fin a la escritura de este diario, sin poder prever hasta dónde aguantarán mis fuerzas ni cuándo estallará mi cerebro bajo el peso de tantas torturas. Lo termino dirigiendo al Señor Presidente de la República esta súplica suprema, en caso de que yo sucumba antes de haber visto el fin de este horrible drama: Señor Presidente de la República, me permito pediros que este diario, escrito día a día, sea remitido a mi familia. Encontrará aquí quizá, Señor Presidente, crisis de cólera y de espanto contra la condena más horrible que haya golpeado jamás a un ser humano...»

Y, antes de poner final al relato de su infortunio, todavía añadía unas últimas frases:

«No hago hoy recriminaciones a nadie; cada cual ha creído actuar con acuerdo a sus derechos y a su conciencia. Yo declaro simplemente otra vez que soy inocente de ese crimen abominable, y no pido más que una cosa, siempre la misma, la búsqueda del verdadero culpable, del autor de esta abominable fechoría.»

El hombre cuyo lamento se ahogaba en tinta, en la soledad de la más remota y atroz cárcel del sistema penitenciario francés, era el capitán Alfred Dreyfus, un oficial del Estado Mayor que había sido detenido dos años antes acusado de espiar para Alemania, la gran potencia enemiga de Francia, juzgado y condenado por alta traición.

Dice una de las grandes voces de la literatura española, Ana María Matute, que «no hay nada que se parezca más a la historia de un pueblo que la historia de un hombre». No menos cierto es que las raíces del presente se alimentan siempre de los hechos del pasado. Quizá por ello es bueno a veces contar la historia de un solo hombre que, desde el ayer, venga a arrojar luz sobre las tribulaciones colectivas de hoy. Más aún si el tiempo que le tocó vivir a ese hombre fue también un tiempo de crisis, a caballo entre dos siglos. No tiene, pues, nada de extraño que los ecos de las desventuras del capitán Dreyfus estén todavía presentes en el delirio informativo de los poderosos medios de comunicación de finales del siglo XX. A fin de cuentas, este tiempo es heredero, entre otras, de su historia. Sin embargo, aquel verano de 1896 Alfred Dreyfus estaba muy lejos de imaginar el alcance verdadero de su drama. Aislado del mundo, sin apenas correspondencia y la poca que recibía censurada, Dreyfus todavía se consideraba víctima de un terrible error.

Era hijo de una familia burguesa judía de Alsacia, en la frontera con Alemania. Su abuelo había sido un pobre comerciante de la ciudad de Rixheim y la fortuna había llegado a la familia de la mano de su padre, que se hizo rico como industrial en Mulhouse. La suya era una familia que compartía los valores de patriotismo francés, devoción republicana y laicismo propios de su nueva condición social. En esos valores se había educado Alfred Dreyfus y, movido por ellos y a pesar de los consejos en contra de sus parientes, se había orientado hacia la vida militar.

En 1890, a los treinta años de edad, ingresó en la Escuela Militar donde obtuvo excelentes notas y gozó de la consideración de sus profesores, tal y como indica el informe de uno de ellos al término de los dos años de estudios:

«Físico bastante bueno, salud igualmente buena, miope, carácter fácil, buena educación. Bien presentado. Instrucción general muy amplia. Instrucción militar teórica muy buena; conoce muy bien el alemán; monta muy bien a caballo. Sirve bien. Ha obtenido su despacho de Estado Mayor con la mención *Muy bien*. Muy buen oficial, mente ágil que capta pronto los problemas, trabaja sin esfuerzo y tiene el hábito del trabajo. Muy apto para el servicio en el Estado Mayor.»

¿Cómo era posible que a un hombre así se le acusase nada menos que de traicionar a su patria? Sin duda debía tratarse de una trágica equivocación y por ello, desde su prisión, Dreyfus escribía una y otra vez al general De Boisdeffre, jefe del Estado Mayor, confiando en que al fin la verdad resplandeciera. Quizás el hecho de que el director de la Escuela Militar le hubiera rebajado la nota final, para dificultar su ingreso en el Estado Mayor, debiera haberle prevenido ya sobre los prejuicios antisemitas que latían en el ejército y en la sociedad francesa. Pero Alfred Dreyfus seguía confiando en la bondad de los principios patrióticos que se le habían inculcado.

Su fe en el Estado, en el Ejército, en la Autoridad le habían hecho soportar con dignidad el vergonzante proceso y su posterior degradación pública, cuando le fueron arrancados los galones e insignias en el patio de armas de la Escuela Militar, el 5 de enero de 1895. Pero esa fe no había bastado para darle fuerzas en su reclusión tropical. Tan sólo el apoyo de su hermano Mathieu y de su esposa Lucie, su juramento mutuo de resistencia, había inyectado energía en su cuerpo agotado para aguantar hasta aquel duro mes de septiembre. Gracias a ellos había renunciado a su inicial idea de suicidio. Dos días después de su pública degradación, Mathieu le escribía: «Qué espantoso suplicio, qué torturas te hemos obligado a padecer el sábado. Te habíamos suplicado que vivieras, te queríamos vivo para reunir el coraje necesario para descifrar el misterio que planea sobre tu trágica historia.» Y el propio Dreyfus recordaba a su esposa, en una carta desde la isla del Diablo, su mutuo apoyo: «Ya ves que mantengo la promesa que te hice de mantenerme vivo hasta el día de mi rehabilitación; es lo único que puedo hacer. Haz tú el resto si quieres que pueda ver yo ese día.» Y Lucie lo hizo.

Convencida de la inocencia de su marido y con la ayuda de su cuñado, Lucie inició un largo pleito judicial que bien podría haberse perdido en el laberinto burocrático de la justicia si un decidido grupo de intelectuales y políticos no lo hubiera convertido en el mayor escándalo de la historia moderna de Francia, trasladándolo al dominio de la opinión pública. Hasta tal punto que bien puede decirse que el concepto mismo de Opinión Pública tiene su origen en lo que se conoció como el «caso Dreyfus».

El poeta judío Bernard Lazare, en primer lugar, junto a los abogados Leblois y Labori, y después el doctor Gilbert, el senador Scheurer Ketsner, los dirigentes de izquierdas Clemanceau y Jaurès, el escritor Emile Zola y el coronel Picquart, acusador inicial de Dreyfus que descubrió luego al verdadero culpable, fueron algunos de los llamados *dreyfusards*, defensores de la inocencia del capitán. Una causa que dejaría huella en la literatura francesa como muestran los pasajes de *En busca del tiempo perdido* en los que Proust hace patente su simpatía por Dreyfus a través del personaje de Swan.

En respuesta a semejante apoyo fueron también muchos los que manifestaron públicamente su antisemitismo y militarismo, sentimientos profundamente arraigados en la sociedad francesa tal y como Emile Zola denunció reiteradamente en sus escritos de aquellos años. Entre los *antidreyfusards* no faltaron tampoco escritores señalados como Valéry y Pierre Louis, y en las algaradas de sus partidarios era frecuente ver pancartas con lemas como «¡Mueran los judíos!», «¡Muera el traidor!» o «¡Muera Judas!». Por haber, hubo hasta muertos en los enfrentamientos callejeros que acompañaron a la disputa política y judicial.

Entre tanto, Alfred Dreyfus agonizaba en la isla del Diablo, ajeno al revuelo que su solo nombre levantaba en las calles de Francia. Su «mente ágil», de la que hablaban sus instructores de la Escuela Militar, estaba a punto de estallar, desesperada de soledad y de inactividad. Y en las páginas de su diario daba cuenta de aquella agonía mental: «Mi cerebro está triturado», «mi cerebro está trastornado, roto»...

Devorado por las fiebres, sin apenas poder dormir, agobiado por la lluvia y con los nervios destrozados, el capitán Dreyfus no podía sino anotar una y otra vez la idea que le obsesionaba: «El culpable sigue sin ser desenmascarado.» Sin embargo, estaba en un error. El verdadero traidor, el autor de la nota a la embajada de Alemania que se había atribuido a Dreyfus en un primer momento, era ya conocido por las autoridades militares desde el mes de marzo de 1896. Se trataba del comandante Esterhazy. Pero nadie estaba dispuesto a reconocer semejante equivocación. El único que quiso hacerlo, el coronel Picquart, terminaría pagando con la cárcel sus denuncias; y el propio Esterhazy saldría absuelto, una vez que el escándalo estalló definitivamente en la prensa en noviembre de 1896, en un proceso amañado donde los jueces le absolvieron pese a las pruebas de su culpabilidad.

Lo que el atormentado cerebro del capitán Dreyfus no había podido siquiera imaginar era que sus admirados generales, los hombres que tenían a su cargo la máxima representación del Ejército de Francia, aquellos que debían encarnar el honor y los valores militares, estaban dispuestos a mentir y a sepultarle en el olvido aun a sabiendas de su inocencia. Frente a las razones humanitarias, a los valores democráticos republicanos que Dreyfus tanto veneraba, la jerarquía militar oponía la razón de Estado que en su opinión les obligaba a librar al Ejército, que era tanto como decir a Francia según su parecer, del escándalo de un error manifiesto. De tal manera que la protección de sus propias y laureadas guerreras se convertía en interés nacional, fuera cual fuese el precio a pagar, incluido el sacrificio de la verdad y el de un inocente.

En aquel mes de septiembre de 1896, el interés de la jerarquía militar francesa estaba en las antípodas de las ansias rehabilitadoras de Dreyfus. Para sus superiores lo mejor habría sido, sin duda, que los rigores de la isla del Diablo hubieran puesto fin a la vida de su incómodo prisionero. Incluso se dictaron órdenes de procedimiento en previsión de tal eventualidad. El ministro de Colonias, Lebon, envió una instrucción al director de la administración penitenciaria de la Guayana, a los pocos días de que Dreyfus dejara de escribir su diario a causa de su resentida salud. En ella podía leerse:

«Si Dreyfus muriera y os vierais obligado a sumergirlo, como se hace con los otros forzados, para que lo devoren los tiburones, surgirían siempre, a pesar de todos los certificados autentificadores del hecho, incrédulos que no creerían su muerte y que os acusarían de haberle dejado huir. Si muere, embalsámelo y envíe de inmediato su cadáver a Francia, para que aquí lo vean.»

Pero el capitán Dreyfus no murió. Su voluntad y aquella buena salud de la que hablaban los informes militares se impusieron. Y las presiones de sus defensores en Francia lograron la apertura de un nuevo juicio que se fijó para el mes de junio de 1899, en la ciudad de Rennes.

La noticia del proceso abrió la puerta de la esperanza en el fatigado corazón del cautivo. Convencido todavía de que tal revisión se debía a la buena voluntad de sus jefes, tuvo el gesto de enviar una carta de agradecimiento al general De Boisdeffre, sin saber que éste había sido uno de los más activos ocultadores de la verdad de su caso.

Por fin, tocado con un casco salacot, cual si de un aventurero avejentado se tratara, el capitán Dreyfus se embarcó en el crucero *Sfax* y partió rumbo a Francia para asistir al nuevo juicio. Y allí, en Rennes, conoció al fin la verdad que durante cinco años de forzado silencio le había sido escamoteada en la isla del Diablo: todo su proceso se había debido a un error inicial provocado por la desconfianza de sus superiores hacia los judíos, que había sido encubierto después por el Estado Mayor con falsos documentos a fin de que no trascendiera.

Todavía le quedaban duras pruebas que soportar, como verse condenado otra vez en Rennes, sin que el tribunal militar hiciera caso alguno a las resoluciones del tribunal de apelación ni a las pruebas de la culpabilidad de Esterhazy. Una nueva condena que levantó la indignación internacional. Pero quizá la más dura de todas las pruebas fue la de verse repentinamente obligado a encarnar un mito: el mito de sí mismo, del capitán Dreyfus, del prisionero de la isla del Diablo. Muchos esperaban su cólera, su protesta, el espectáculo de su sufrimiento. Pero, como apuntaría después su hermano Mathieu, presente a su lado en el juicio de Rennes, «su actitud durante las sesiones estuvo llena de dignidad. Nada de gritos, enojo o cólera, que era precisamente lo que el público deseaba. Los amigos le pedían que fuera violento, que demostrara sus emociones, sus crisis, pero el pobre carecía de recursos físicos. Su voz era monocorde, débil y se entrecortaba fácilmente. Sus emociones eran interiores [...]. Su estoicismo heroico era el que le había permitido sobrevivir allá lejos».

Cuando, presionado por su familia, Dreyfus aceptó finalmente, al término del juicio, la amnistía con que el gobierno deseaba cerrar definitivamente el caso, aunque fuera equiparando a los verdugos y a las víctimas, muchos de sus seguidores vieron cómo se derrumbaba el mito. Aunque no faltaron tampoco quienes, como Jaurès, defendieron su derecho a ahorrarse nuevos padecimientos. Dreyfus estaba hecho de frágil carne, como cualquier humano.

Unos años después, en 1906, el capitán Dreyfus fue rehabilitado y condecorado con la Legión de Honor en el mismo patio que había servido de escenario a su degradación. Dreyfus falleció en 1934, sumido en el olvido del retiro militar, mientras que el mundo que abandonaba se aprestaba a recoger los frutos más sangrientos del antisemitismo que él había tenido que padecer en vida.

El capitán Dreyfus regresaba así definitivamente al silencio, protagonista involuntario de una trágica historia que le superó y fue más allá de sus convicciones personales. En torno a su defensa se armó ética y políticamente la izquierda obrera, se nucleó el poder emergente de la prensa, se articuló por primera vez un movimiento cívico de intelectuales. Pero él fue ajeno a todo ello. Su figura pública resultó fría, incluso antipática para muchos de sus seguidores. Era la figura de un hombre que se reafirmaba en su austera condición militar en medio de un fragor de banderas rojas. Sutil paradoja que habrían de vivir años después en España, durante la Guerra Civil, algunos generales republicanos. Y, sin embargo, fue en la fragua íntima de su cerebro, torturado de injusticia en aquel terrible verano de la isla del Diablo, donde se forjó la armadura de hierro que mantuvo en vilo a un país entero durante diez años y supuso un jalón histórico en la pugna de la verdad frente a la razón de Estado: la férrea voluntad de un hombre que luchaba por su dignidad. Una lucha que había tenido que librar a ciegas, aislado del mundo, hasta que a su regreso a Francia en 1899, para asistir a su último juicio, pudo exclamar con asombro y también con amargura:

—Hasta ahora ignoraba mi propia historia.

# Las ficciones

## El caballero loco de la libertad

Muy pocos seres humanos de carne y hueso han tenido la presencia en el mundo de que disfruta Don Quijote pese a que, en su nacimiento, no fuera más que un nombre escrito sobre papel. Salvador Dalí lo dibujó como una especie de guerrero espacial que galopaba los aires en busca de molinos de viento. Antonio Saura, como una ele apenas levantada sobre la línea de un diminuto y lejano horizonte. Para Unamuno, era el espíritu de la libertad y el enemigo de una España servil y carente de ideales. Y para los ingleses del siglo XVII, el príncipe de lo divertido.

Su padre lo engendró en la soledad de una celda y quizá por eso le salió flaco, soñador y contradictorio. Con la mirada lejana de quien atisba el mundo entre barrotes. Con la grandeza de palabras de quien ha conocido bien la miseria de las cosas. Don Quijote, el caballero de la triste figura, es el soñador despierto, el loco cuerdo, el lector más leído de la historia de la literatura. Nacido del afán temerario de tomar las palabras por arcilla e insuflar en ellas el aliento de la vida, la condición del hidalgo manchego fue la de ser él mismo y su contrario, su paladín y su enemigo. Ya lo escribió el propio Cervantes en su novela:

*Busco en la muerte la vida,*
*Salud en la enfermedad,*
*En la prisión libertad,*
*En lo cerrado salida*
*Y en el traidor lealtad.*
*Pero mi suerte, de quien*

*Jamás espero algún bien,*
*Con el cielo ha estatuido*
*Que, pues lo imposible pido,*
*Lo posible aun no me den.*

Y si la vida posible, la de los mortales humanos, no fue generosa con Miguel de Cervantes, la imposible vida de los inmortales ha regalado sus mieles al hijo de su imaginación como a ninguna otra criatura de ficción. La larga cabalgada del hidalgo de La Mancha ha recorrido en los últimos casi quinientos años tierras, lenguas y fantasías dejando tras de sí una singular historia de admirables admiradores.

En la cultura occidental tan sólo la Biblia disputa a *El Quijote* el honor de ser la encarnación misma del Libro. Y si aquélla se pretende palabra divina revelada, éste es pura humanidad hecha palabra. La fama de Don Quijote ha sido sin embargo una fama engañosa. Jorge Luis Borges, en su cuento *Pierre Menard, autor del Quijote*, ponía estas palabras en boca de su personaje: «*El Quijote* fue ante todo un libro agradable; ahora es una ocasión de brindis patriótico, de soberbia gramatical, de obscenas ediciones de lujo. La gloria es una incomprensión y quizá la peor.» Y si la gloria de *El Quijote* es universal, su incomprensión no le anda a la zaga. Convertido en sutil instrumento de tortura escolar, ha sido para generaciones de niños españoles sinónimo de tedio y desesperación. Tan sólo el paso de los años y, en muchas ocasiones, la devoción manifestada por otros grandes escritores, consiguen difuminar esa temprana animadversión y provocar una nueva lectura de *El Quijote*, no ya de unos escolares fragmentos inconexos sino de la novela entera. El deslumbramiento entonces está asegurado.

Liberado de la pedantería de sus exégetas, de los comentarios traídos por los pelos y de la obligatoriedad, *El Quijote* aparece como la obra delirante, lúcida y perfecta que es. Y su protagonista se instala en la memoria con la fuerza de lo vivido.

Saberlo cincuentón y alucinado, caballeroso y colérico, inocente y escarmentado. Imaginarlo, alto y desgarbado, acompañado por su escudero a través de las planicies inhóspitas del mundo.

Recordarlo burlado, engañado, enamorado o moribundo. Su vida de papel le ha sobrevivido al trasmutarse en vida real, al hacerse cine, pintura, ensayo e incluso tópico, al perpetuarse en las vidas de los hombres de carne y hueso. Generación tras generación.

La pista de Don Quijote puede rastrearse en los más inesperados y alejados rincones del mundo porque, desde su misma aparición, ha ejercido una formidable atracción sobre escritores y artistas de todas las épocas. La primera parte de la novela, *El ingenioso hidalgo Don Quijote de la Mancha*, se publicó en el año 1605 y la segunda en 1615, un año antes de la muerte de su autor. Las traducciones a otros idiomas fueron inmediatas. La primera de ellas fue la inglesa, realizada por Thomas Shelton, que tradujo la primera parte en el año 1612 y la segunda en 1620. Pese a tal inmediatez, Don Quijote era ya conocido en Inglaterra incluso antes de su traducción, hasta el punto que bien puede decirse que aquélla es la segunda patria del hidalgo manchego. En Inglaterra se publicó la primera versión abreviada de *El Quijote* y se estrenó una versión teatral, titulada *Historia cómica de Don Quijote*, cuyo mayor interés fue haber contado con algunas canciones escritas para ella por el compositor Henry Purcell. Las huellas del paso de Don Quijote por la cultura inglesa son numerosas. Los principales dramaturgos del siglo XVII, como Ben Jonson, Beaumont o Fletcher aludían a él en sus obras o le imitaban abiertamente. Tal es el caso, por ejemplo, de la pieza de Fletcher titulada *El caballero de la ardiente mano de mortero*, que fue estrenada en Londres en 1613. Versiones, parodias e imitaciones aparte, lo más interesante es que el espíritu de Don Quijote se incorporó con tal fuerza a la literatura inglesa que la mayor parte de sus obras cumbres llevan un inequívoco sello quijotesco.

Fielding, autor de *Tom Jones*, escribió *Las aventuras de Joseph Andrews* «a la manera de Cervantes». Smollet, que había realizado una nueva traducción de *El Quijote* en el año 1755, se inspiró en él para escribir *Las aventuras de Sir Laurence Greaves*. Y el gran novelista Laurence Sterne escribió su obra maestra, *Vida y opiniones del caballero Tristram Shandy*, con la vista puesta en la de Cervantes. Incluso en la obra cumbre de Charles Dickens, *Los papeles póstumos del club Pickwick*, puede apreciarse la influencia quijotesca. Sus dos protagonistas, Pickwick y Weller, reproducen de alguna manera la dualidad de Don Quijote y Sancho Panza.

Y es que pocas parejas han expresado con tanto acierto la dualidad de la condición humana, la capacidad de exaltación y sueño, la tiranía de la cotidianidad y de lo que convencionalmente llamamos la realidad. Quizá en ello radique la explicación de la pasión que despierta *El Quijote*. Si no, ¿cómo explicar que tantos grandes hombres de tantos países y culturas terminen, antes o después, por remitirse a él? El espíritu burlón e ilustrado de Diderot le llevó a reproducir la fórmula de la pareja cervantina en su novela *Santiago, el fatalista*. Y la huella quijotesca en la literatura rusa es reconocida también por autores de hoy como Andrei Bitov, cuya novela *La casa Pushkin* debe mucho a la inventiva de Cervantes. La pasión rusa por *El Quijote* llegó al extremo, según escribió Turgeniev, de que «en Rusia hasta el campesino más primitivo de la más remota aldea sabe quién es Don Quijote y habla de él». Posiblemente aquellas palabras fueran una exageración propiciada por el entusiasmo, pero es indudable que el pulso cervantino late con toda su fuerza en plumas como las de Dostoievski o Nabokov. De igual modo que, en la tierra de exilio de este último, su aliento se percibe en novelas como *Tortilla Flat*, de John Steinbeck, o en las obras de John Dos Passos.

Salvador de Madariaga explicaba el entusiasmo más allá de las fronteras españolas por Don Quijote «porque lo universal no se alcanza generalizando sino ahondando en lo único y Cervantes hizo a Don Quijote tan hondamente español que llegó hasta las raíces humanas: por eso su Don Quijote es universal». Por eso mismo, quizá, los hijos literarios de Don Quijote están tan profundamente arraigados en sus respectivas culturas. Joseph Andrews, según Entwistle, «es un inglés tan identificable como Don Quijote lo es español». Los personajes de Dostoievski encarnan como pocos la atormentada alma rusa. El Jacques de Diderot es inequívocamente francés, como los personajes de Steinbeck lo son norteamericanos y los de García Márquez colombianos. La vida de papel de Don Quijote propone a los escritores una mirada sin prejuicios, una escritura libre de trabas formalistas en un juego infinito de espejos en que autor, personaje y lector se miran, dialogan entre sí, se reconocen. Enseña a mirar hacia dentro, sin falsa afectación, con ironía, hasta los más oscuros rincones de la caverna humana.

El camino elegido por Cervantes para tamaña empresa fue el de la locura. En un mundo dividido en religiones beligerantes y asolado por la guerra, de la que el mismo Cervantes fue víctima al ser apresado por los turcos y recluido en Argel; en una sociedad marcada todavía por las expulsiones de judíos y moriscos, por la amenazante presencia de la Inquisición y por los prejuicios, ¿qué otro camino podía elegir para hablar con libertad que el de la locura y el despropósito? Cervantes había sido alumno de López de Hoyos, seguidor en España de las ideas tolerantes de Erasmo de Rotterdam, y la huella del humanista flamenco es patente en su obra. Erasmo, en su *Elogio de la locura*, equiparaba muchas veces locura e ignorancia. Cervantes desdobló ambos conceptos en las figuras de Don Quijote y Sancho. Y a ambos aplicó la frase con que Erasmo cierra su libro: «Debéis considerar que los locos, a veces, hablan con cordura y llegan a expresar cosas con tal sutileza que el más cuerdo no lograría.» Y ¿qué otra cosa hacen Don Quijote y su escudero sino desgranar las más sutiles y críticas reflexiones en medio del torrente de sus respectivas locura e ignorancia?

Cuando Sancho Panza afirma que «imagino que es bueno mandar, aunque sea a un hato de ganado» o que «yo he visto ir más de dos asnos a los gobiernos, y que llevase yo el mío no sería cosa nueva», es fácil comprender por qué la figura del simple escudero ha tenido también su proyección en la historia, unida siempre a una mirada irónica sobre la sociedad. Quizá su más claro descendiente sea el protagonista de la novela *El valeroso soldado Swejk*, del checo Jaroslav Hasek, cuyas andanzas en la Primera Guerra Mundial están llenas de ecos sanchopancescos.

Y cuando Don Quijote dice: «La libertad, Sancho, es uno de los más preciosos dones que a los hombres dieron los cielos; con ella no pueden igualarse los tesoros que encierra la tierra ni el mar encubre: por la libertad, así como por la honra, se puede y debe aventurar la vida», se comprende el entusiasmo que su figura despertó entre los pensadores de la generación del 98 y, particularmente, en Miguel de Unamuno. Fue Unamuno el autor de una singular biografía de estas criaturas de ficción, *Vida de Don Quijote y Sancho*, en el prólogo de la cual trazó un pesimista retrato de la España de su época, a la vez que dio cabal idea de la vigencia del mensaje quijotesco: «Esto es una miseria, una completa miseria. A nadie le importa nada de nada. Y cuando alguno trata de agitar aisladamente este o aquel problema, una u otra cuestión, se lo atribuyen o a afán de negocio o a afán de notoriedad y ansia de singularizarse. No se comprende aquí ya ni la locura. Si nuestro señor Don Quijote resucitara y volviese a esta su España, andarían buscándole una segunda intención a sus nobles desvaríos. Si uno denuncia un abuso, persigue la injusticia, fustiga la ramplonería, se preguntan los esclavos: ¿Qué irá buscando en eso? ¿A qué aspira?»

En un último ejercicio de paradoja, Cervantes hizo morir a Don Quijote devuelto a la cordura, convertido de nuevo en don Alonso de Quijano, mientras Sancho Panza le animaba a perseverar en la locura. El gran narrador argentino Ernesto Sábato ha visto en ello «la última y más dolorosa de sus aventuras, obligado a morir desquijotado para felicidad y tranquilidad de los mediocres». Pero la historia de Don Quijote, su canto a la libertad, su desprecio hacia la vulgaridad de una vida sin ideales, sin utopía, estaban llamadas a sobrevivirle. Y, tras su muerte de papel, su vida goza de excelente salud.

## Biografía del vampiro

¿Qué hacen los muertos por la noche? ¿Qué sienten en su sofocante lecho de tierra? ¿Qué desean los muertos? Esas preguntas han visitado la imaginación de los humanos desde la noche de los tiempos y, entre especulaciones religiosas y argumentos racionalistas, siempre ha surgido una posible respuesta capaz de helar el corazón: los muertos desean la vida, odian a quienes les sobrevivieron y aprovechan la oscuridad, el reino de las sombras, para regresar de la tumba y atormentar a los vivos. El hombre ha buscado siempre cómo nombrar al miedo; y, así, las enfermedades, desapariciones y fallecimientos de difícil explicación se han cargado desde antiguo en la cuenta tenebrosa de los muertos que regresan del más allá ansiosos de sangre: los vampiros.

La biografía del vampiro se hunde en el pasado de la especie humana y en el pantano de sus temores. Pero al igual que el miedo tiene muchos rostros, el vampiro ha recibido muy diferentes nombres en tierras de todo el mundo, aunque uno de ellos se haya convertido en su emblema universal: Drácula.

El 20 de mayo de 1897, la puerta del lóbrego castillo de los Cárpatos donde habita el conde Drácula se abrió por primera vez, con horrísono chirrido, y su alta figura encorvada, pálida y vestida de negro, pronunció también por primera vez las engañosas e inquietantes palabras: «¡Bienvenido a mi casa! ¡Entre libremente y por su propia voluntad!» En esa fecha, el escritor irlandés Bram Stoker, amante de las ciencias ocultas y miembro de la sociedad esotérica Golden Dawn, publicó una novela que iba a consagrar literariamente la figura del vampiro y a convertir a Drácula en un moderno mito terrorífico. La realidad del siglo XX, que debía inaugurarse tres años después, ha derrochado tanta muerte y destrucción que tal parece que no fuera otro su propósito que aplacar la insaciable sed de sangre del conde transilvano.

Pero la biografía del vampiro se remonta en el tiempo mucho antes del éxito novelístico de Stoker. No es sólo la biografía de un personaje literario sino la de un ser sobrenatural en cuya existencia han creído, a pie juntillas, generaciones de seres humanos.

Durante el siglo XIX la figura del vampiro se había convertido en un personaje más de la estética romántica, motivo de deleitosos sobresaltos y escalofríos regocijantes. El secretario del poeta Byron, John William Polidori, publicó su relato *El vampiro* en 1819, inspirándose en su admirado lord para trazar el retrato de un vampiro aristócrata, frío, distinguido y canalla llamado lord Ruthven. El primer molde del moderno vampiro. Y en 1872, Sheridan Le Fanu trazaba el gran retrato literario de la vampiresa en su novela *Camilla*, en la que daba cuenta de la ritual ejecución —una certera estaca clavada en el corazón— de la bella y temible condesa Mircalla.

Un siglo antes, el mito del vampiro no era cosa de diversión ni de entretenimiento. En pleno Siglo de las Luces, buena parte de Europa vivió lo que se ha llamado «epidemia de vampirismo», y el abate Calmet, en su *Tratado sobre los vampiros*, publicado en París en 1746, estaba sinceramente convencido de que «desde hace alrededor de unos sesenta años, una nueva escena se ofrece a nuestra vida en Hungría, Moravia, Silesia, Polonia; se ven, dicen, a hombres muertos desde hace varios meses que vuelven, hablan, marchan, infestan los pueblos, maltratan a los hombres y a los animales, y chupan la sangre de sus prójimos».

La Europa profunda temblaba ante la «epidemia» y la palabra vampiro aparecía por primera vez para nombrar aquello que los campesinos centroeuropeos llamaban con diferentes nombres desde hacía siglos. En tierras de Bosnia, el *blausauger*, el chupador de sangre, carecía de huesos y era capaz de transformarse en rata o en lobo, propiedad esta que compartía con el *farkaskoldus* de Hungría y el *vlkodlak* de Serbia. El *burculacas* de Grecia despedía además un hedor insoportable y su piel, al igual que el vampiro serbio, era tirante como la de un tambor y rojiza. Había vampiros infantiles, como el *kuzlak* serbio que se formaba a partir de un niño lactante arrancado a su madre y cuyo comportamiento era más molesto que terrible; o como el *moroï* rumano, formado a partir de un recién nacido muerto por su propia madre antes de ser bautizado. El *moroï*, además de su afición a la sangre, era el causante del granizo pues, según afirmaban los campesinos, al bombardear la tierra esperaba poner al descubierto su tumba oculta y mostrar así al mundo el crimen del que había sido víctima.

Había vampiros con un solo orificio en la nariz, como el *krvopijac* búlgaro, y los había con extrañas deformidades, como el *strigoi* rumano que podía tener patas de oca, de cabra o de caballo. El *upir* ruso tenía la lengua en forma de aguijón. Y el *liuvgat* albanés, para que no cupiera duda sobre el origen de los miedos locales, tenía aspecto de turco y caminaba sobre unos altísimos tacones.

La península balcánica era, pues, un hervidero de vampiros, y los medios para combatirlos eran también de lo más variado. Trocearlo y hervirlo en vino, en el caso del *burculacas*. Poner sobre su ataúd una rama de rosal silvestre, en el caso del *krvopijac*, o de espino, en el del *kuzlak*. Al *vlkodlak*, esa rama de espino se le tenía que meter en el ombligo y, luego, prenderle fuego con una vela usada para velar a un muerto.

¿De dónde venía tanto miedo a los chupadores de sangre? Uno de sus orígenes habría que buscarlo, quizá, en la sagrada consideración de la sangre como creadora de la vida, incluso de la vida eterna: la sangre del dios Bel, creadora en la mitología de la antigua Babilonia; la sangre de Cristo, renacida en cada eucaristía del ritual cristiano. Incluso la ingestión del vino adquiría el valor metafórico de la sangre bebida.

Muchos estudiosos del mito del vampiro, como recoge Román Gubern en *Las raíces del miedo*, han señalado que hay también en la imagen del vampiro que chupa la sangre de su víctima una transposición del acto sexual, una mezcla de atracción morbosa y repulsión hacia el sexo. En los ataques del famoso conde Drácula, afirma, «cualquier persona familiarizada con el simbolismo onírico y la interpretación freudiana del mismo, no tendrá dificultad en reconocer la descripción simbólica de un coito».

Sin embargo, el mito del vampiro tiene también otras raíces que se alimentan directamente de la Historia. Los casos terribles y reales de nobles que gustaban de alimentarse de sangre marcaron sin duda la imaginación de su tiempo. En el siglo XV, el bretón Gilles de Rais, compañero de armas de Juana de Arco, asesinó a varios centenares de niños con el fin de obtener con su sangre la piedra filosofal que le hiciera inmortal. En busca de esa misma inmortalidad, un siglo después, la condesa húngara Erszebet Bathory sacrificó a 610 doncellas para bañarse en su sangre. Y la novela *Drácula* tomó su nombre de otro personaje histórico, el príncipe rumano Vlad Tepes, más conocido como Vlad *el Empalador*, debido a su costumbre de empalar a los prisioneros turcos, o Vlad Drakul, pues la palabra *drakul* (diablo, en rumano) nombraba también al tradicional vampiro moldavo y el príncipe Vlad tenía la bárbara costumbre de beberse una copa de sangre de sus víctimas mientras las veía agonizar en las estacas.

El vampirismo, tan extendido por Europa, también había arraigado en otras remotas tierras con idéntico temor al retorno de los muertos chupadores de sangre. En tierras africanas, los espíritus de las brujas, llamados *adzes*, volaban con forma de luciérnagas hasta el lecho de sus víctimas, y los *kinoly* de la isla de Madagascar rondaban los poblados con sus ojos rojos y sus largas uñas. Otra península, en tierras asiáticas, la Indonesia, nada tenía que envidiar en materia vampírica a los Balcanes europeos: allí las terribles *langsuir*, mujeres muertas durante el parto, codiciaban la sangre de niños y embarazadas. Y la milenaria China sufría el ataque de los *ch'ing shih*, de garras feroces, ojos enrojecidos y largas melenas verdosas, y de los *kiang si* que acechaban en los senderos apartados, cubiertos de pelo blanco, y eran capaces de chupar en pocos segundos toda la sangre de los caminantes a los que asaltaban. Tan sólo en la India se daba una clase de muerto viviente que no era enemigo jurado de los vivos: el *vetala*, habitante de los cementerios, que gustaba de dar buenos sustos a los desprevenidos haciendo que los cadáveres parecieran resucitar, pero del que era posible incluso hacerse amigo.

La publicación de la novela de Stoker cambió el rumbo de la biografía del vampiro. Drácula sacó del mundo rural la vida de ultratumba de los no muertos y la hizo discurrir por el universo visual del Londres de fin de siglo y posteriormente del cine, sustituto contemporáneo de los cuentos de vieja de antaño. Calvo, siniestro, turbadoramente sexual (homosexual, en este caso), el vampiro se transformó en Nosferatu en el filme de Murnau de 1921, una representación que repetiría décadas después el alemán Werner Herzog en su película de igual título. Pero el cine, sobre todo de la mano de Bela Lugosi, también fijó una imagen donjuanesca de Drácula, repeinado y capa al viento. Después le han seguido vampiros para todos los gustos, desde los pandilleros de *Jóvenes ocultos* y los humorísticos de *El baile de los vampiros*, de Polanski, hasta el barroco *Drácula* de Ford Coppola.

En la literatura, nuevos vampiros han venido también a disputar al viejo conde su reinado de terror. Richard Matheson, en *Soy leyenda*, convertía a la Humanidad entera en vampiros. Y George R. R. Martin y Anne Rice han situado en los Estados Unidos de los siglos XVII y XVIII a sus vampiros problemáticos que viven su condición con dolor y remordimiento.

Ya no recorren el mundo epidemias de vampirismo, aunque tampoco han faltado quienes han querido llevar a la realidad la sangrienta pasión de Drácula, como el joven portorriqueño Salvador Agrón que, en la década de 1950, se dedicaba a matar mujeres envuelto en manto negro, pero estos crímenes, aunque espantosos, ya no son vistos como actos sobrenaturales. Sin embargo, el miedo sigue haciendo nido en el corazón de los hombres, como siempre, y la maldición de la sangre vuelve hoy a subyugar y aterrorizar la imaginación, aunque en esta ocasión tome la más prosaica denominación de VIH, el temible virus del Sida. Quizás, a fin de cuentas, el vampiro se haya limitado tan sólo a cambiar una vez más de nombre.

# Nosotros, los hombres-lobo

El nuestro es un linaje antiguo, tan antiguo como el de los hombres que a sí mismos se consideran normales. Unos y otros vivimos juntos desde que la memoria alcanza, pero la nuestra es una condición perseguida. Se nos trata como la encarnación del mal cuando no se nos niega simple y llanamente la existencia, relegándonos a la condición de quimeras literarias o cinematográficas. Somos los hombres-lobo, los hijos de la luna, la voz profunda de la naturaleza.

De la dignidad del linaje de los hombres-lobo da testimonio el hecho de que uno de sus más remotos ancestros fuera un rey. Cuenta Pausanias, en su *Descripción de Grecia*, que Licaón, rey de la Arcadia, hijo de Pelasgo y de la ninfa Cilene, fue transformado en lobo por Zeus en castigo por haberle ofrecido un niño en sacrificio. A tal extremo llegó la indignación del dios que la maldición recayó también sobre los cincuenta hijos de Licaón y, según dicen nuestros detractores, fue precisamente a causa de su lobuna condición y hábitos salvajes que Zeus decidió castigar a la Humanidad toda enviando el Diluvio. Una prueba más del caprichoso criterio de los dioses que marcan a los humanos con una condición impuesta para castigarlos después por cumplir con el carácter que ellos mismos les otorgaron. En todo caso, es muy lógico que el recuerdo de tan ilustre y tremebundo monarca haya acabado dando nombre (*lykos*, en griego, quiere decir precisamente lobo) al fenómeno mismo de los hombres-lobo: la licantropía.

Y, en verdad, muy alobados debieron de ser aquellos tiempos arcádicos, pues tanto Herodoto como Plinio el Viejo relatan otros asombrosos hechos. Dice el primero que los neuros, habitantes de una región de la Escitia, se convertían en lobos durante unos pocos días al año. Y señala Plinio que durante las fiestas en honor a Zeus, en Arcadia, los asistentes devoraban las entrañas de los sacrificados, transformándose acto seguido en lobos y que como tales continuaban durante ocho años, siempre y cuando no probaran en ese tiempo bocado de carne humana.

Para que no falte de nada en este árbol genealógico, incluso el poeta Virgilio habla en sus *Églogas* de un hechicero, Meris, capaz de convertirse en lobo mediante una pócima preparada a base de plantas que brotaban en la región del Ponto. Así que ya lo ven, reyes, magos, pueblos enteros de la antigüedad helénica, a la que comúnmente se la reconoce como cuna de la civilización europea, se daban a la licantropía con entusiasmo. De modo que quizá no anduviera tan desencaminado el filósofo Hobbes cuando proclamó que «el hombre es un lobo para el hombre».

Por mucho que nuestra presencia despierte espanto, lo cierto es que la relación de los hombres con los lobos ha sido constante y fructífera. De creer a los mitos, habría que agradecer a la loba Capitolina el haber amamantado a Rómulo y Remo, permitiendo así la fundación de la ciudad de Roma. Como habría que agradecer al lobo Fenri de la mitología islandesa el haber sabido poner coto a los desmanes humanos con la amenaza del Infierno que él encarnaba. Y puestos a dar gracias, ¿por qué no a todos los lobos que con su presencia feroz han contribuido a la didáctica acción de cuentos infantiles como *Caperucita roja*, *Los tres cerditos* o *Blanquita y los siete chivitos*?

Pero no todo es ferocidad. Hay también ejemplos históricos de la bondad lobuna. Tal es el caso de los llamados niños-lobo, dulces criaturas que nada tienen que ver con los hombres-lobo, pues en su caso se trata tan sólo de niños perdidos en los bosques al poco de nacer, que son apadrinados entonces por lobos en cuya compañía sobreviven salvajemente. Eso fue lo que le sucedió a Gaspar Hauser, al niño-lobo de Aveyron o a las niñas indias Kamala y Amala, halladas en estado salvaje en Mindapore. Los dos primeros casos fueron llevados al cine por los cineastas Werner Herzog y

François Truffaut respectivamente, mientras que la historia de las niñas de Mindapore fue seguramente la inspiradora del novelista Rudyard Kipling a la hora de escribir *El libro de la selva*.

Pero los auténticos hombres-lobo no nos hemos criado en la espesura del bosque sino que hemos vivido y vivimos en la civilización. Ciudadanos de Roma, campesinos gallegos, científicos alemanes, nobles polacos... no importa la condición social ni la ubicación geográfica para ser licántropo.

Durante el siglo XVI, la caza de brujas desatada en Europa infligió también sus rigores a los hombres-lobo que, de dar crédito a los testimonios y procesos judiciales, menudearon sobre todo en tierras de Francia y de Alemania. En 1573 era quemado, en la hoguera levantada en la ciudad francesa de Dôle, el no muy ortodoxo licántropo Gilles Garnier quien, en vez de emplear garras y colmillos para acabar con sus víctimas, recurría al más prosaico método del estrangulamiento. Y en el otoño de 1589, la supuesta ferocidad del ciudadano alemán Peter Stumpe, vecino de Badburg a quien se tenía por hombre de bien, fue castigada no menos ferozmente por la justicia: condenado a la rueda, fue después decapitado, descuartizado y quemado. La acusación: su transformación en lobo tras pactar con el Diablo.

Pero el rigor de los castigos no fue bastante para impedir la ola licantrópica y así, en 1598, un sastre de la ciudad de Châlons-sur-Marne admitía no sólo haber violado y descuartizado a varios niños, a los que enterraba después en el sótano de su tienda, sino también haberse convertido en lobo cada noche para atacar a los campesinos de la región. Igual práctica llevaba a cabo el vagabundo Jacques Roulet, quien para su metamorfosis confesó que usaba ciertos brebajes. Pero, en este último caso, el tribunal dictó pena de prisión en el hospital de Saint-Germain por considerar enfermo mental al reo. Habilísima maniobra de los enemigos de la raza licantrópica, pues con ella los hombres-lobo éramos arrojados del mundo de los mitos encarnados al de los desequilibrados mentales.

Pronto la misma palabra licantropía vino a definir una forma de locura sobre la que escribió incluso el padre del psicoanálisis, Sigmund Freud, en su artículo *El hombre de los lobos*. En dicho texto, donde daba cuenta del tratamiento que aplicaba a uno de sus pacientes aquejado de licantropía, negaba la existencia de los hombres-lobo y afirmaba que, en realidad, se trataba de esquizofrénicos que creían convertirse en lobos y daban rienda suelta así a sus tendencias agresivas. Una idea que ya se había puesto en circulación en el siglo XVI, en la ciudad de Lovaina, y que consiguió enviar definitivamente a los hombres-lobo al dominio de la mera fantasía.

Ni que decir tiene que no desaparecimos. Ni mucho menos. Todavía en el siglo XVIII, el naturalista Linneo incluía en su obra *Sistema de la naturaleza* la descripción del *homo ferus*, del que decía que andaba a cuatro patas, estaba cubierto de pelo y aullaba como los lobos. Tratándonos como dementes o como delincuentes (las más de las veces como ambas cosas), la prensa del siglo XIX e incluso del XX ha seguido dando cuenta de nuestras acciones.

Los hombres-lobo sobrevivimos recibiendo en cada región el nombre del miedo: lobishome en Galicia, rabisome en Extremadura o lobisón en Huelva, pues también en tierras hispanas cundió nuestra raza. Precisamente en Galicia vivió, a mediados del siglo XIX, uno de los hombres-lobo más renombrados de España: Manuel Blanco Romasanta, el lobishome de Allariz. Era un vecino de Villar de Barrio que confesó haber asesinado a varias jóvenes, a las que convencía para ir a trabajar de sirvientas a Madrid, matándolas al atravesar la sierra. Como excusa a sus actos alegaba no poder evitar convertirse en lobo. Su juicio revolucionó a la opinión pública y, condenado a la pena de muerte, fue indultado finalmente por la reina Isabel II. También en este caso el cine ha venido a inspirarse en la figura del licántropo: Pedro Olea estrenaba en 1969 la película *El bosque del lobo*.

Lo cierto es que no sé que habría sido de nosotros, los hombres-lobo, de no ser por el cine y por algunos escritores que han guardado memoria de nuestra verdadera condición bajo la fachada del relato de terror o de fantasía. Juan Antonio Molina Foix ha recogido algunos de esos relatos en el libro *Los hombres lobo*, en el que autores como Frederick Marryat o Algernon Blackwood hacen llegar al lector el frío aliento de nuestro espanto. Películas como *El lobo humano*, de Stuart Walker, rodada en 1935; *Tras la hue-*

*lla del hombre lobo*, de Terence Fisher, estrenada en 1961; o las más recientes *En compañía de lobos*, *Un hombre lobo americano en Londres* o *Wolf* han fijado el retrato del licántropo en la imaginación popular. Y el novelista Boris Vian le dio la vuelta irónicamente a la leyenda en su relato *El lobo hombre*.

Gracias a todos ellos se sabe que los hombres-lobo, como ya habían apuntado estudiosos como Vicente Martínez Risco, no andan «siempre convertidos en lobo, sino que de ordinario viven en su casa y hacen su vida ordinaria». Así era el noble polaco Valdemar Daninsky, protagonista del filme *El lobo humano*, hasta que en un viaje al Tibet fue mordido por un hombre-lobo y se inició en la licantropía. Se dice que se llega a ser hombre-lobo por beber de la charca en que haya bebido un lobo. E incluso por haber nacido en la noche de Navidad o por tener el pelo rojo. Todos esos caminos son verdaderos y hay muchos más, casi tantos como seres humanos porque, en el fondo, se es hombre-lobo porque se ha sido siempre, tan sólo faltaba la llave que abriera la jaula en que estaba encerrado el lobo que llevamos dentro.

Hablemos claro. Nadie puede estar absolutamente seguro de no llevar en su interior a un licántropo. Por supuesto que nuestra ferocidad criminal es horripilante, pero ¿no está acaso repleta la historia de la Humanidad de atrocidades? No he conocido a ningún hombre-lobo que no intentara por todos los medios dejar de serlo, aunque todos sepamos que al final no hay más salida que esa bala de plata redentora, disparada directamente al corazón, que venga a liberarnos de nuestro destino. Sin embargo, siempre queda la duda de quién es realmente el culpable de nuestra crueldad: el lobo, cuya piel nos recubre al llamado de la luna llena, o el hombre, cuyo odio hace rechinar en la noche nuestros colmillos.

## Agradecimientos

El trabajo periodístico tiene mucho de colectivo. Estos textos, pues, deben mucho a los compañeros de trabajo de los diferentes medios de comunicación en que fueron publicados. Pero, además, representan una opción periodística, una manera de entender el trabajo de prensa con vocación histórica que, en su momento, no estaba de moda. Por ello debo agradecer especialmente su apoyo a quienes me dieron la posibilidad de escribirlos. A Juan Tomás de Salas, in memóriam, que me dio verdadero cuartel en las páginas de *Cambio 16*, a pesar de las muchas veces que mantuvimos puntos de vista encontrados. A Ángel Carchenilla y Luis Díaz Güell. A Manuel Hidalgo, que me dio espacio y tiempo para trabajar, dos privilegios en el periodismo actual. A Juan Carlos Laviana, que es un maestro de periodistas. A José Luis García Martín, que siempre ha puesto las páginas de su revista *Clarín* a mi disposición, en gran medida este libro nació de mi colaboración en ella. A Pedro J. Ramírez por acoger mis textos en las páginas de *El Mundo*. A Miguel Bayón, un verdadero artista de la narración periodística. A Daniel Mordzinski, compañero de aventuras, por el viaje a Rabat que fue inolvidable. A Marta Orrantia y Rafael Molano, por haber llevado la historia de los moriscos hasta tierras americanas en su revista *Gatopardo*. A mi editor italiano Luigi Brioschi, por su entusiasmo y por la sugerencia del texto sobre Salgari. A Alfredo Pita, por la referencia a la presencia de la Monja Alférez en la obra de Ricardo Palma. Y a los periodistas de los servicios de documentación de *Cambio 16* y de *El Mundo*, cuya tarea es fundamental para la realización de un periodismo riguroso aunque rara vez les sea reconocido el mérito.

## Préstamos

Estos textos son también deudores del talento de muchos otros autores. El periodismo consiste, en gran medida, en buscar la síntesis de informaciones distintas y a veces en el resumen de lo que otros han dicho o escrito. Así pues, quiero dejar constancia de las principales obras que me han guiado a la hora de escribir los textos aquí recopilados. *Histoire des pirates et corsaires*, de Jules Trousset, *Sous le pavillon noir*, de Philippe Jacquin, *Piratas y corsarios*, de José Hernández y *Piratas, Bucaneros, Filibusteros y Corsarios en América*, de Manuel Lucena Salmoral me permitieron reconstruir la vida de Francis Drake. *Los vikingos en América*, de Erik Wahlgren, el *Atlas des vikings*, de John Haywood, *Les vikings*, de Régis Boyer y las clásicas *Saga de los groenlandeses* y *Saga de Eirik el Rojo*, prologadas por Antón y Pedro Casariego, son los textos consultados para narrar la aventura de Leif Eiriksson. Las memorias de Catalina de Erauso, *La Monja Alférez*, con los comentarios para su edición francesa a cargo de Florence Delay y de su traductor, el gran poeta cubano José María de Heredia; las *Tradiciones Peruanas*, de Ricardo Palma, y el texto que le dedicó Thomas de Quincey me han servido para reconstruir las andanzas de la aventurera vasca, verdadera pionera del travestismo. El prólogo de Jesús Pardo a *Cyrano de Bergerac*, de Jean Rostand, el *Viaje a la Luna*, del propio Cyrano de Bergerac, y *Voyages en Utopie*, de Georges Jean, me permitieron seguir los pasos de la leyenda del espadachín narigudo. La espléndida biografía *Cervantes*, de Jean Canavaggio y las excelentes ediciones anotadas de las obras de Shakespeare publicadas por Cátedra son algunos de los libros que me ayudaron a contar las vidas paralelas de ambos genios. La ascensión y caída de Charlie Parker procede íntegramente de su biografía escrita por Ross Russell. La vida mentirosa de Salgari se nutre de sus falsas memorias, de la biografía escrita por Arpino y Antonetto y de los trabajos de Emilio Pascual y Juan Tébar. Las aventuras y desventuras de Teresa Cabarrús provienen de documentos originales de los Archivos Nacionales de París así como de *Teresa Cabarrús*, de Enmanuelle Alidiere, *Los españoles en la Revolución Francesa*, de Miguel de los Santos Oliver, *Teresa Cabarrús*, de Fernando Díaz-Plaja y, *Tallien*, de Frederic Tuten, entre otros. Para la tragedia de Robespierre utilicé los textos del mismo revolucionario recogidos en el libro *La revolución jacobina*, así como *La Revolución Francesa*, de Jean Pierre Bois, *La lucha de clases en el apogeo de la Revolución Francesa*, de Daniel Guerin, *Los hombres de la Revolución Francesa*, de Louis Madelin, *Historia y Diccionario de la Revolución Francesa*, de Tulard, Fayard y Fierro, *La revolución congelada*, de Ferenc Féher, *La guillotina y la figuración del terror*, de Daniel Arasse, y *La vie quotidienne en France au temps de la Révolution*, de Jean Paul Bertaud. La biografía de Pancho Villa está basada en el libro sobre Villa y Zapata de Marta Orellana; en *México insurgente*, de John Reed, y en *Tres revolucionarios, tres testimonios*, de Ramón Puente. Para seguir la pista del acorazado *Potemkin* utilicé sobre todo la prensa española del año 1905, particularmente el diario *ABC*. La historia de Malcolm X está reconstruida a partir de su autobiografía y del prólogo a la misma, editados por Txalaparta, y del libro *Historia de los grupos de izquierda en Estados Unidos*, de Andrés Linares. El retrato de Torquemada y de la mentalidad inquisitorial está basado en *Les personages maudits de l'histoire*, de Vieille, Honorin y Houillon, *Inquisición española y mentalidad inquisitorial*, de Ángel Alcalá, *La Inquisición Española*, de Henry Kamen, *La España de los Reyes Católicos*, de Joseph Pérez, y *Compilación de las Instrucciones del Oficio de la Santa Inquisición*, de fray Tomás de Torquemada. La vida brutal de Al Capone sigue el texto de su biógrafo F. D. Pasley, con referencias a la *Historia de la Mafia*, de Salvatore F. Romano y al libro *Los Intocables*, escrito por Eliot Ness en colaboración con el escritor

Oscar Fraley. Para contar la vida de Aristóteles Onassis me basé en su biografía elaborada por un equipo de reporteros del *Sunday Times* y publicada por Noguer. Y la reconstrucción del asesinato del presidente Kennedy es deudora del libro que el juez Garrison escribió sobre el asunto y de un detallado seguimiento de la noticia en la prensa española de la época. Para trazar el retrato de Bartolomé de las Casas utilicé algunos de sus textos, como los reunidos en su *Obra indigenista* y *De regia potestate*, así como *Bartolomé de las Casas*, de José Alcina Franch, *Quién era Bartolomé de las Casas*, de Pedro Borges, y *Bartolomé de las Casas, crónica de un sueño*, de José Luis Olaizola. Para localizar las huellas de los moriscos en Rabat viajé hasta la ciudad y consulté *Les corsaires de Salé*, de Roger Coindreau, *Sources inédits de l'Histoire du Maroc*, de Castries, *La República andaluza de Rabat en el siglo XVII* (con una abundantísima documentación), publicada por Busto Gozalbes en Tetuán, *Rabat-Salé*, de Robert Chastel, *Los españoles y el norte de África*, de García Arenal y de Bunes, *Historia de los moriscos*, de Antonio Domínguez Ortiz y Bernard Vincent, *Los moriscos antes y después de la expulsión*, de Míkel de Epalza, y *Los moriscos españoles emigrados al norte de África*, de Juan Penella Roma.

Las vueltas de la vida hacen que el caso Dreyfus siga de triste actualidad. De entre lo mucho publicado, he consultado *Dreyfusards*, de Robert Gauthier; *Cinq années de ma vie*, de Alfred Dreyfus; *L'affaire Dreyfus*, de Émile Zola; *Moi, capitaine Dreyfus*, de Claude Dufresne; y *El caso Dreyfus*, de Pierre Miquel. Para seguir las peripecias literarias de Don Quijote me fue de gran utilidad un breve pero sustancioso opúsculo publicado por la BBC en 1947 con motivo del IV centenario del nacimiento de Cervantes. Los mil nombres del vampiro provienen del *Diccionario Ilustrado de los monstruos*, de Massimo Izzi, *Los «Drácula»*, de Ralf-Peter Märtin, y de la historia de la literatura sobrenatural de Rafael Llopis. Finalmente, los aullidos licantrópicos son hijos de *Las raíces del miedo*, de Román Gubern.

# Índice

## Los poderosos



## Las víctimas



## Las ficciones

Otros títulos de la colección

memorama

## VIDA DE UNA GEISHA

### Mineko Iwasaki

Mineko Iwasaki, una importante geisha del distrito de Gion Kobu en Kioto, aceptó ser entrevistada en 1992 por Arthur Golden con la única condición de que su identidad se mantuviera en el anonimato para proteger el nombre de su familia. Iwasaki desveló la historia de su vida y muchas incógnitas sobre el mundo de las geishas —una comunidad protegida durante más de trescientos años por un antiguo código de silencio y famosa por su secretismo—, pero Golden no cumplió con lo acordado al mencionarla especialmente en los «agradecimientos» de *Memorias de una geisha.*

Tras demandar al escritor por difamación, incumplimiento de contrato y violación de los derechos intelectuales por revelar su identidad, Mineko Iwasaki ha decidido contar su verdadera historia y la de estas elegantes damas dedicadas a las artes de la música, la danza y la conversación.

En *Vida de una geisha*, Iwasaki recuerda —de manera conmovedora— su iniciación como geisha, así como todo lo relativo al complejo sistema de aprendizaje de esta antigua tradición cultural.

# CONFESIONARIO II

## Juan Ramón Iborra

Juan Ramón Iborra reúne en este segundo volumen sus entrevistas a otros veinticinco escritores representativos del panorama contemporáneo internacional. Partiendo de sus obras, el entrevistador se adentra por caminos que ayudan a conocer sus territorios más personales. Ellos son Carlos Castilla del Pino, Tom Wolfe, Antonio Tabucchi, Sam Shepard, Ian Gibson, Mario Benedetti, Ernesto Sábato, Adolfo Bioy Casares, Augusto Roa Bastos, Martin Amis, Julian Barnes, Mario Vargas Llosa, Kenizé Mourad, Gore Vidal, Doris Lessing, Salman Rushdie, Eduardo Mendoza, Bernardo Atxaga, José Ángel Valente, José Luis Sampedro, Juan Luis Cebrián, Juan Marsé, Carlos Fuentes, Antonio Skármeta y Umberto Eco.

Junto a las entrevistas y sus introducciones, este nuevo *Confesionario* aporta un retrato de cada uno de los escritores y un prólogo del poeta y catedrático de Literatura Luis García Montero, quien destaca cómo «por encima de la documentación y de las exigencias de la actualidad, flotan en el humo de sus palabras los libros, los bares, las conversaciones nocturnas, las canciones, los aeropuertos, los supermercados y los misterios de las mañanas, las espesuras de una claridad diaria tan incierta como los túneles... Las relaciones entre vida y literatura aparecen con frecuencia en las preguntas y las respuestas de este libro. Son dos territorios afortunadamente condenados al mestizaje».